NEØSPI

ネオスピ!!!

「今すぐ」幸せになれる
新時代のスピリチュアル

美湖
MIKO

The New Spirituality
That Changes
Your Life
in an Instant

KADOKAWA

はじめに
～新時代のスピリチュアルにようこそ！～

あ、手に取っちゃいましたね♡

この本を手に取ったということは、あなたが
「ネオスピってる人」
になる可能性がすごく高いです。

「えっ？　ネオスピってなに？」って思いますよね。

ネオスピとは
「今すぐ幸せになって、未来も幸せになる」
新時代のスピリチュアルです。

そして、なにが起こっても「絶対に大丈夫！」という安心感の中で
人生を送れるようになるコツでもあります。

この本では、新時代のスピリチュアルである
「ネオスピ」について

詳しくお伝えします。

今、世の中は
スピリチュアルブームといっても過言ではありません。
一方で、スピリチュアルに対する
偏見の目もあると思います。

あなたはスピリチュアルのことを
「暗い」「重い」「怪しい」「ダサい」とか、
そういうイメージを持っていませんか?

もしくは、スピリチュアルに対して
そういうイメージを持つ人がいることを知っていますか?

私はそれを知ったときにびっくりしました。
だって、私の知る限り、
スピリチュアルに生きている人は

「明るい」「軽い」「可愛い」「オシャレ」
な人が圧倒的に多いからです。

もしかしたら昔は、実際に
スピリチュアル＝暗くて怪しいイメージ
だったのかもしれません。

でも、それは「ヨガ」に対するイメージの変遷のように、
時代遅れになっています。

ヨガといえば、インドの山奥で特殊な修行を積み、
薄暗いところで行う宗教色の強い、怪しいものだったと思いますが、
今ではまるでイメージが違います。

女性のファッションリーダーたちが積極的に行う
オシャレなものになっていて、
きれいな女性たちの日常の１つになっています。

「ヨガをしている」ということが
怪しい行為と見られていた風潮はどこに行ったのでしょうか。
インスタ上やＹｏｕＴｕｂｅ上では
ヨガをする素敵な女性たちの姿があふれています。

このような概念の書き換えが、
スピリチュアルでも起こっているのです。

代表的な例が瞑想《めいそう》です。
瞑想はスピリチュアルの代表的な行為ですが、
現在では「瞑想＝怪しい」というイメージはありません。

瞑想は、超一流企業の研修でも使われるようになり、
現在では一般の人のライフハック（生産性を上げる工夫）としても
認知されるようになっています。

＊　＊　＊

そして、2020年の末を境に、

「風の時代」というキーワードがSNSを席巻《せっけん》しました。

風の時代というのは西洋占星術、
つまり星占いでいう**約200年続いてきた「土の時代」から**
「風の時代」に切り替わったということです。

今までの土の時代は
「安定」

「物質的」

「上下関係」

「ルール」

を重視するエネルギーの世の中でした。

でも、これからの風の時代は

「自由」

「精神的」

「個（オリジナル）」

「コミュニケーション」

「共有」

を重視するエネルギーの世の中にシフトするという、
大きな節目だったのです。

そして、その流れは
さらに大きく、世の中を席巻していくでしょう。

＊　＊　＊

申し遅れましたが、私は美湖《みこ》という名前で
YouTubeやInstagram、
Twitter、Facebook、LINEを中心に発信していて、
計15万人以上のかたが私をフォローしてくださっています。

インターネット上では
「エネルギーで願いを現実にする方法」を中心に発信しています。
もちろん、この本でも
あなたの願いを現実にする方法についてお話ししていきます。

西洋占星術では「風の時代」と表現されている
これからの時代ですが、
私には「ネオスピ」という言葉がしっくりきます。

ネオスピは、
私のもとに2018年頃に降りてきたキーワードです。
「これからはネオスピの時代になる」
そのように降りてきました。

私は、アカシックレコードという
宇宙のすべてが記録されている
宇宙図書館、宇宙クラウドのようなところから情報を読み取る

「アカシックリーディング」をしています。
「アカシックリーダー」と検索していただくと
私の記事がたくさん出てくると思います。

そうしたネット検索のように
宇宙から知りたい情報を引き出してくるのが
アカシックリーディングです。
そう聞くと少し怪しい感じもするかもしれませんが、
私は**「スピリチュアルは生き方」**だと思っています。

＊　＊　＊

今回の本、『ネオスピ!!!』は
そうした宇宙から降ろしてきたメッセージを
できる限りわかりやすい生き方として
日常に使えるようにお話しするつもりで書きました。

ネオスピのキーワードを短く表現するなら

「ラブ」「スピ」「リッチ」です。

この本では、
「愛」「スピリチュアル」「豊かさ」といった言葉で、
それらを象徴するキーワードがよく出てきます。

ほかのスピリチュアル本との決定的な違いは
「今までの時代に対してのカウンター（反対）要素」
が盛りだくさんということです（笑）。

つまり、これまでの価値観から考えると
常識外れの発言が非常に多いと思います。

スピリチュアルに生きている人の中にも、
常識に沿ったこれまでの「道徳」を
地でいく発言をするかたは多いかもしれません。

でも、美湖は生きる常識外れです（笑）。

だから、みんなが「えっ！」と驚くような行動をよくします。
もしかしたら、今までの常識でいうと
私の行動が「悪いこと」のように見える人もいると思います。

でもでもでも！
だからこそ、私のメッセージは
今の社会が生きづらいと感じる人の希望になるはずと思っています。

＊　＊　＊

宇宙には「良い」も「悪い」もありません。
当然、あなたの思いや願いに「良い」も「悪い」もありません。

私は、あなたの思いや願いを叶えるために祈ります。

あなたは、その願いを「今すぐ」叶えたいですか？

どんなことがあっても、「絶対に大丈夫」な人生になりたいですか？
そうであれば、
ぜひ、この本を読んでください。

この本には、あなたがネオスピ伝染して、ネオスピ体質になって
願いが叶う仕掛けがしてあります。

さらに、持っているだけでエネルギーが流れるエネルギーブックです。
ぜひ、この本をあなたのおうちの仲間にしてあげてください！
あなたにきっと幸せが訪れるはず。

ではではではでは！
前置きが長くなってしまいましたが、
一緒にあなたの願いを叶えていきましょう！

2021年7月

美湖

NEOSPI

The New Spirituality
That Changes
Your Life
in an Instant

ネオスピ!!!［目次］

第1章 「ネオスピの時代」がやってきた！

第2章 正しく生きなくていい、本音で生きよう Love

第7章 宇宙の中心は「ネオスピ」であるあなた

Spi

第4章

豊かなリッチエネルギーを受け取ろう

Rich

第5章 ラブスピリッチな世界をつくる方法

ブックデザイン／菊池 祐
本文DTP／荒木香樹
イラスト／桝元つづり
撮影ディレクション／平山利恵
カメラマン／中村介架
ヘアメイク／中村恵（atelier haruka CREATION）
撮影アシスタント／あやみょん
校正／相馬由香
編集協力／土岐総一郎・あい
編集／河村伸治

Special Thanks
ネオスピチーム・ネオスピ仲間・ネオスピインフルエンサー

第1章

「ネオスピの時代」がやってきた！

修行や苦労がいらない時代が目の前に！

最初からすごくフキンシンに聞こえる話です（笑）。
修行や我慢、苦労というものは、
私は今後もういらなくなると確信しています。

これまでの時代は「なにかを乗り越えて幸せになる」
というのが基本のストーリーでした。

子どもの頃に読み聞かせてもらった絵本。
映画の中の主人公、壮大な勇者のヒストリー。
会社で成功を収めた人のインタビュー。

それらは1つのストーリーであり、すばらしいものです。

その当時の時代にも合っているので否定するわけではありません。

これまでの地球というのは、

「修行であったり苦労をしたりして成功する――」

(成功=幸せになるというわけではないのですが)

そういう時代だったのです。

しかし今、その常識が変化しようとしています。
「風の時代」といわれる新しいエネルギーの時代が始まり、
約200年単位での歴史が変わろうとしています。

さらに、地球全体の惑星レベルで
ネガティブなエネルギーがクリアになってきているのです。

そもそも、現代に苦労って必要なのでしょうか？

特に今、子どもたちは
苦労をあまり経験せずに成長するケースが増えています。
（当然、苦労をしている子もいる点を理解したうえで、
あえて総論の話をしています）

もし、大人が子どもに昔の苦労話をしても、
「なにそれ。映画の世界？」
という感じに扱われてしまうことが増えるでしょう。

つまり、シンデレラストーリーが共感されなくなってくるのです。

苦労を重ねたシンデレラが、魔法によって一気に花開く――。

苦労ありきの「おしん」型ストーリーですね。

その前段階の苦労というものが共感されなくなっていきます。

これまでは「苦労」からの「幸せ」だったのが、「幸せ」からの「もっと幸せ」が成功物語の常識になっていくのです。

幸せだから、さらに幸せになる——。

まさに雪だるま式に、そんな状態になっていきます。

とはいえ、今は移行期なので、新旧が混在しています。

今、苦労をしているかたや、つらい思い

をしているかたもいらっしゃると思います。私自身もあります（笑）。

でも、あなたが望む世界に進むために
必要なこととして起きているのは間違いないですし、
地球全体のネガティブエネルギーがクリアになってきているので、
それは地球にいるあなたにも影響してきます。

なので安心して、あなたの未来を、ネオスピの時代を楽しみにしてくださいね！
絶対に大丈夫です！

POINT

「不幸や苦労がもとにあっての幸せ」という時代から、
「ずっと幸せで一生幸せ」という時代がやってくる！

スピリチュアルの
これまでと、これから

これまでのスピリチュアルのイメージは、
「自分」と向き合って内側のネガティブを癒すというのが主流でした。
インナーチャイルドヒーリングという手法が、その代表例です。

インナーチャイルド、つまり
自分の子どもの頃に傷ついた心を振り返って癒していくものです。
簡単にいえば、親との関係を見直したり、
トラウマを見直したりすることによって
過去を癒していくという手法になります。

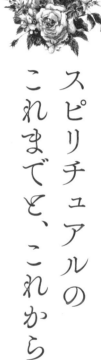

つまり、**今までは「自分の過去」にフォーカスを当てていた**ということです。
これは人間のネガティブなエネルギーをクリアにするために必要なことで
時代のエネルギーにも即していました。
私自身もこれまで過去と向き合いまくってきましたし、
そのためのメソッドも持っていました。
まだまだ時代の移行期なので、
向き合いが必要な人や、向き合いが必要なときもあると思います。

しかし、これからは先にもお伝えしたように、
地球全体でネガティブなエネルギーがクリアになっていくので、
自然の流れで、自分のタイミングで
インナーチャイルドを解放できるようになっていきます。

「二極化」ともいわれていますが、その変化を感じる人と感じない人とが
二極化していくのが時代の流れです。

ただ、この二極化は成功か失敗かではなく、あくまでスピードの問題です。

「パカッ！」とすごいスピードで変わっていく人、今までどおりゆっくりと解放されていく人の2つに分かれるだけ。

「変化」という事実に気づきたくない、という人も当然いるので、その選択だけは本人が選ぶしかありません。

しかし、安心してほしいのは、どっちにしても幸せな方向にしか向かわない、ということです。

変化のスピードが速いか遅いかの違いであって、
全体的に地球のエネルギーが浄化されていくのは変わりありません。

今とあまり変わりないか、ものすごく良くなる世界。この二極化です。

「はじめに」でもお伝えしましたが
風の時代というキーワードがＳＮＳで話題になりました。

風の時代が到来するのは惑星の動きで事前にわかっていたことですが、
そこに向かっていくための大浄化が必要で、
近年さまざまな天災が増えています。
（天災に遭われたかた、ご気分を害されたら本当にごめんなさい）
それは、風の時代の周波数に合っていくように、
宇宙が調整をしているのです。

ちなみに、「もう時代の変化は確定なの？」と疑問に思う人もいるかもしれません。
もちろん、苦労を美徳とするようなことを今後も選択していく人たちもいます。
風の時代のキーワードは「選択」です。

選択したら「そのように」進んでいきます。
しかし全体としては、この本でお話しする「ネオスピ」の方向に進む人が増えていくのは間違いないと思います。

ですが究極的には、どっちでもいいのです。

どっちを選択するかは一人一人の自由であり、いずれにしろ、あなたが望む幸せにしかならないからです。

これまでどおりか、もっと早く良くなるかしかないので、どっちも大丈夫！
でも、ネオスピのエネルギーを受け取ってもらえたら、そっちの方向に加速度がついていくという話です。

もし、**あなたがネオスピ伝染して、ネオスピ体質になりたいと思えたならば この本を何回でも読んでもらいたい**と思っています。

一気には変われないかもしれないけれど、それを知っているだけでエネルギーが入り、しだいに同調していきます。

ネオスピに意識を向けていくだけで、そうなっていくのです。

POINT

過去の自分に向き合うよりも
時代のエネルギーに合わせたほうが早く、楽に変われる！

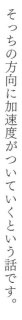

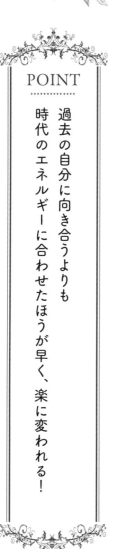

地球の常識は宇宙の非常識！

地球上の常識はすべて、宇宙的に見れば非常識なものです。
「常識」というものが、宇宙にはそもそも存在しないのです。

そのため、最も典型的なことでいうと
「約束を守りましょう」という常識さえ存在しません。

地球においては、約束＝守るべきという共通認識がありますが
約束を守るということに良いも悪いもありません。
そもそも、宇宙に良いも悪いもありません。
したがって、それを「すべき」と押しつけることが違うのです。

宇宙は「オールOK」な場所です。

つまり、地球の常識が宇宙の法則から外れているといえます。
宇宙視点から見ると、逆に地球の常識は非常識なのです。

みんなの常識的な「あたりまえ」がないので、
あたりまえは存在しない、が宇宙のデフォルト（標準）です。

「あなたはどうありたいの?」「あなたはどうなの?」
という選択しか宇宙にはありません。意思確認しかないのです。

地球的な常識では、「〜〜だったら普通こうするでしょ」と
すぐに共通認識をつくりたがります。

例えば、結婚したら「なるべく早く帰宅するのがあたりまえ。午前様はありえな

い」という地球的ルールを意識しがちです。

でも、宇宙的なスタンスであれば、「私は帰って来てほしい。あなたはどうしたい？」という態度であるのが普通です。

そこにはお互いの「意思」しか存在しません。

自分の「どうしたい」にフタをして我慢する。優先順位をつける。他人とぶつからない着地点を考える――。

そうしてなんとか「最適解」を出すのが地球の常識です。

でも、宇宙的には自分がどうしたいかに我慢をするという発想がありません。

むしろ、それぞれの「こうしたい」が無数にあって、
それで成立しているのです。

それぞれの「こうしたい」があるだけで、
そこに他意や悪気はない。
それが腹落ちすると楽に生きることができます。

「私はこうしたいの!」「あなたはそうしたいのね!」
そして、もし意見が違ったら「じゃ、どうしようか?」という
コミュニケーションが基本なのではないでしょうか。

POINT

宇宙はルールがない「オールOK」の場所!
それぞれの意思があるだけで、そこに他意はない。

責める・責められるの概念がなくなる

もしかしたら、
あなたは常識やルールを守らない人を見ると
「なんで他の人のことを考えないで、そんなことをするの？」
と責める感情が湧いてきてしまうかもしれません。

でも、**相手を責める権利はない**のです。

あなたに悲しいという感情はあるかもしれませんが、
相手を責めてもいい権利は誰にもありません。

そのことがストンと心に入ると
相手を責めるのではなく、

「私はあなたに無視されてさびしい」

「だから、こうしてもらえるとうれしい」

という「お願い」になります。

誰かを責めるという行為は、自分もつらいものです。
責める・責められるということが概念からなくなると、
めちゃくちゃ楽に生きられるようになります。

例えばですが、
パートナーの帰りが遅いことを責める、なんていうのは
宇宙的な視点からは完全に道を外れています。

帰りが遅くてなにが悪いのでしょう？

なにも悪くなくないですか？

「私がさびしい」
「だから早く帰って来てほしい」
という願望だけしか、そこにはありません。

パートナーにきつい言葉を受けたときは、
「なんでそんなこというの！」と責めるのではなくて
「私は悲しい。そういういい方はしないでくれたらうれしいな」
とお願いするしかありません。

誰にも相手を責める権利はないのです。
逆に、あなたも責められるいわれはありません。

もし、あなたが相手を責めたくなったり、

責められている気持ちになったりしたら、
宇宙の視点を思い出してくださいね。

POINT

誰にも責める権利はないし、責められるいわれもない。
宇宙の視点を思い出そう!

あなたも、あの人も宇宙人かも？

私の話には「宇宙人」「地球人」という話がよく出てきます。
宇宙人、地球人に関してはさまざまな定義があると思いますが、今回は1つの見解としてお話ししますね。

この話には主に、人の転生が関係しています。
つまり前世、前々世、前々々……世です。

ざっくりいうと、

地球での転生回数（地球輪廻《りんね》）が多い人は地球人、

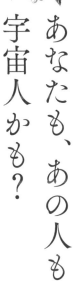

地球での転生回数が少ない人が宇宙人であるケースが多いです。

これまでずっと地球人だった人はほとんどいないと思います。
いつかどこかで多くの人が宇宙人です（笑）。

宇宙から転生したての人は地球での経験が浅いため、
恐怖や思い込みが少ない傾向があります。

一方、地球での転生が多い人は思い込みや恐怖が強い。
地球での経験が多いがゆえに、染みついているのですね。

いずれにせよ、基本はみんな宇宙人です。
自分の奥底には宇宙意識をしっかりと抱えています。

しかし、地球意識の期間が長いと、思い込みの層が固くて、新たなチャレンジをしづらい傾向があります。
メリットとしては、だまされにくいです。
そのぶん、変わりにくいというデメリットを持っています。

そして、本来の自分の宇宙意識とつながりにくいという面もあります。
つまり**自由な魂になりづらい**のです。
だからこそ、自由になりたくて苦しくても、自分の思い込みが外せない。

もしかしてあなたも
「私はなかなか思い込みから抜けられない……」と思っていませんか？
それこそが思い込みです。

もともと宇宙人なんだから、そこに早く気づいちゃおう！
と私はお伝えしたいです。

難しいことではありません。
宇宙エネルギーと同調していくことで、
自分のエネルギーの周波数が宇宙と合ってきます。

この本は周波数を合わせるためのアイテムでもあるので
ぜひ、何回も読んでください。
思い込みのベールがどんどんはがれていくはずです！

この宇宙意識の本『ネオスピ!!!』に出合った人は、
どんなに地球輪廻が長くても、すでにベールがはがれてきています。

なぜなら、宇宙意識の『ネオスピ!!!』とあなたのエネルギーの周波数が
合っているからこそ、この本に巡り合えたといえるからです。
宇宙意識に目覚める直前、もしくは完全宇宙意識体なのではないでしょうか？

ちなみに地球輪廻が長い人でも、エネルギー帯を調整してすでに宇宙人的な意識になっている人もたくさんいます。

何回もお伝えしますが、**あなたに宇宙エネルギーの周波数帯があるからこそ、この本に出合えています。**

この本に出合った時点で、もはやあなたは宇宙人なのかもしれません。

POINT

思い込みから抜け出せば、あなたも宇宙人。「ネオスピ」で、より宇宙意識に目覚めていこう！

宇宙とつながる「宇宙的な生き方」とは？

先ほどからエネルギーの話が出ています。

エネルギーを宇宙意識に合わせていくことによって
どんどん自分の中の宇宙意識が目覚めるようになります。
これが「宇宙的な生き方」です。

私は、この本『ネオスピ!!!』自体が
思い込みのベールをはがしていくように設定しています。
そのため、あなたがもしかして今は理解できないような内容があっても、
そのエネルギーに触れることで、自然な流れで思い込みがはがれていくはずです。

読み進むにつれ、1枚ずつ思い込みのベールがはがれていき、あなたのエネルギーがクリアになって、周波数がどんどん宇宙意識に合ってきてしまいます（笑）。

この周波数調整のことを私は、**意識を「パカッ！」としましょう！** とSNS上で伝えています。

あなたがこの本を手に取っているのは、あなたのエネルギーがすでに宇宙意識に近い状態にあるからにほかなりません。

きっと、あなたの奥底では「パカッ」と意識を開きたがっているのではないでしょうか？

宇宙の仕組みでは、
人生であなたに必要なものしか手に取らないようになっているからです。

しかし、「絶対に読んでね！」とはいいません。
それはまさに、宇宙のルールに反することです。

手に取ったのはあなたですが、ここから読み進めるかどうかは
あなたの意思を尊重しなければいけません。

ちなみに、
「エネルギーとはそもそもなんなのか？」
「そもそも、どうしてエネルギーを発しているのか？」
について少し解説します。簡単にお伝えしますね。

私たちは誰もが原子の集合体です。

この辺りは理科や物理で習いますよね。
私が物理みたいな話をするなんて、驚く人もいるかもしれません（笑）。

原子の一番小さい単位が素粒子《そりゅうし》です。素粒子は常に振動しています。
その振動している粒の集合体が私たちです。

音とかスピーカーをイメージしてください。
あれも振動で、私たちに音というエネルギーを届けています。
目には見えないけれど、じわじわと出ていますよね？　これがエネルギーです。
このエネルギーの振動数がヘルツで表されます。ヘルツは振動数の単位です。

自分のエネルギーの振動数＝ヘルツを変えていくのは「感情」です。

思考によって引き出された感情の振動で、
同じ振動のものが現象化していくのです。

エネルギーを変えていくのが感情です。
だからこそ、どんな感情状態でいるかが大切というわけです。

感情状態と意識のフォーカスで振動数が変わると
あなたから発せられるエネルギーが変わります。
エネルギーが変わると、
今度は目の前で実際に起こる現象が変わっていくのです。

POINT

感情状態は周波数・エネルギーを変えていく。
これまでの常識の枠を外して、意識を「パカッ!」と開こう!

エネルギーの状態を一変させる簡単なコツ

エネルギーには共振の法則があり、
伝染していく性質を持っています。

例えばメトロノームも、
違うリズムのもの、つまり別の周波数のものを並べておくと、
なぜか一定のリズムに揃ってくるのです。

エネルギーは伝染するという法則があるからこそ、
「お金持ちと一緒にいるとお金持ちになりやすい」という
わかりやすいテクニックがあるくらいなのです。

そして、このエネルギーは時空を超えます。
その場だけでなく、時間や空間までをも超えていくのです。

この本を読んで、私やネオスピのエネルギーと共鳴が起こると、
そのエネルギーがあなたに伝染していきます。

自分の放ったエネルギーによって現象が引き起こされることを
「引き寄せの法則」と表現したりもします。
だからこそ、自分のエネルギーの状態が大切であり、
自分の感情が最も大切といえるのです。
思考と意識だけではなくて
そこに感情を伴わせることがとても重要です。

そのため、願いを書いたり口にしたりするだけでは

もったいないといえるでしょう。
そこに感情を伴わせることがポイントです。
願いが叶ったときをイメージして、ワクワクしながら行うのです。

例えば、ルームウェアなど普段使いのものこそ、
トキメクものを選ぶのがおすすめです。
なぜなら、1日に何度もキュンキュンし、
そのたびにエネルギーが上がるからです。
なので、スマホケースなども、お気に入りのものにしたほうがいいですよね。
また、アロマやルームフレグランスもおすすめ！
呼吸するたびに無意識レベルでエネルギーが上がります。

逆にいえば、
テンションが下がるものを身近に置かないほうがいいということです。

画面が割れたスマホをそのまま使ったりしていませんか？
そうした場合は、すぐに修理してください。
スマホを見るたびに無意識レベルで割れに意識がいき、エネルギーが下がります。
なので、**身の回りのグッズは自分のお気に入りのもので固めていきましょう。**

こうして「今」のトキメキを感じていくことにより、
そのエネルギーでトキメク未来がつくられていくのです。
今すぐにできることも、たくさんありますよね？
「今すぐ幸せ！　未来も幸せ！」は、こうしてつくられていきます。

POINT

キュンキュンするもの、お気に入りのものを身近に置き、
感情状態とエネルギーを上げることを意識して。

ネオスピ時代の「願いの叶え方」

願いの叶え方が、どんどん軽くなっています。

「願い」というものは
自分の意識がどこにフォーカスしているかで
叶うかどうかが決まります。

自分の感情状態を整えることが重要だと前項でお話ししましたが、願いに意識を向けていると、エネルギーも上がるようになっています。

というより、エネルギーが上がらない願いって本当に叶えたい願いなんでしょうか？

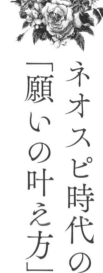

そして、「苦労して」願いを叶えるのではなくて
もっと「軽く考えて」叶える時代になっています。
ここでいう〝軽さ〟がすごく大事です。

例えば、

「これがいい〜！」ぐらいに軽く願うことが重要なのです。

その際に注意してほしいのが「執着」です。
執着という感情は重いので、宇宙に届きづらい特徴があります。
なぜなら、宇宙はエネルギーが軽いので同調しづらいからです。

また、「これをしなければ〜」という「義務」のような重たい感情も
宇宙には届きづらくなります。

もう一度いいます。

「これがいい～！」ぐらいの軽さが最も宇宙に届きやすいです。

といってもわかりにくいと思うので、

私は具体的に以下のような方法をお勧めしています。

お風呂に入って「あ～気持ちいい～」という状態のときに

「100万円欲しい～」

「彼氏欲しい～」

「大きな仕事が欲しい～」

と一緒に願っちゃうと叶いやすくなります。

「あ～気持ちいい～」のテンションで願うのです（笑）。

理由をくっつけなくてもOKです。

願望にはなにかしらの理由がないといけないと思っている人がいますが、
それらが〝重さ〟になる可能性があります。
シンプルに「それやりたい！」とか「それ欲しい！」でいいのです。
この「望む」というエネルギーから、現実創造の流れが起きてきます。

POINT

夢を叶えるには「軽さ」が大事な時代。
「これがいい〜」ぐらいのテンションで宇宙に届ける！

（感情＋意識）×行動＝願望実現

私自身のエピソードの1つです。
保育園で子どもを待っている間、園庭開放の時間がありました。
その1時間半、親は待っていないといけないのですが、
その時間がもったいないので、
私は保育園にギターを持っていってギターの練習をしていました。
周りから「おかしい」といわれることも少なくありません。
でも、なんで悪いのか周囲もいえませんし、
私自身もなにがおかしいのか、まったくわかりません（笑）。

私はママ友と話したいときは話すし、ギターを弾きたいときは弾きます。
誰とも話したくないときは一人でいます。
「美湖ちゃんはそうだよね」と、
ほとんどの人はただただ見てくれています。

「願いを叶える」っていうと大げさな話に聞こえるかもしれませんが、
これくらい軽くていいと思います。
今ギターを弾きたい、だから弾く。以上でOKなのです。

そういった無意識レベルの願いを日々叶えていくことで、
大きな願いが叶えられるようになっていきます。
もう本当に小さなところで「トイレに行きたい」でもいいし、
美容室で「寒いんですけど」というのでもいい。

つまり、**心の声にフタをせずに行動できるか、**ということです。

実はそういった自分の心の声は自分で考えているのではなく、宇宙からやってきているのです。

そもそも私たちは、生まれる前の、肉体を持たない意識の状態では、宇宙意識の存在です。そのため、宇宙とつながる＝自分とつながるということでもあります。

そして宇宙では、意識エネルギーで万物がつながり合って調和が取れ、宇宙の源の大きな創造の流れの中でエネルギー循環がなされています。

なので、「こうしたい」という願いは、

実は自分自身が発しているように見えて、
宇宙の大きな流れ（宇宙の調和）からあなたのハートに発せられています。

そのため、あなたの小さな心の声に耳を傾けることが
宇宙とつながる、ということにもつながっていくのです。

つまり、大きな願いを叶えるには
小さな願いを叶えていくのがものすごく大事だということ。
そこで重要になるのが「行動」です。

願いを叶えるためには、
エネルギーの高さや軽さも必要ですが、パワーも大事。
行動をするパワーは、小さな願いを叶えるにしても、
大きな願いを叶えるにしても絶対に必要なのです。

（感情＋意識）×行動＝願望実現

この公式を頭に入れておきましょう！

願いを叶えたいという想いの強さは行動に現れます。

行動することで、エネルギーの強さが上がってくるのです。

POINT

心の声にフタをせず、小さな願いを叶えていく。
その行動が大きな願いを実現するエネルギーに！

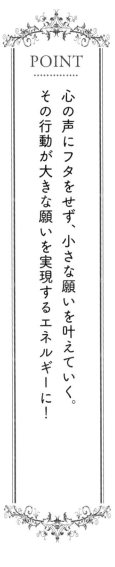

鍵になるのはフォースとパワー！

エネルギーと行動の関係について、もっと詳しく見ていきましょう。

エネルギーとか波動といわれるものが「フォース」です。
行動が「パワー」にあたります。

例えば、ギターを奏でるには弦を使いますよね。
音の共鳴や物理現象というフォースを使っているけれど、
爪で弾くというパワーを使わないと音は出ません。

私はシンガーソングライターでもあるので、歌を歌います。

歌を歌う、というのは自分を楽器として使うということです。

パワーだけだと喉をぎゅうぎゅう使うイメージで
まったく体に共鳴させない感じですね。

自分の力を抜いていくと、大きな声が出てきます。
「フォースとしての身体を使ってパワーで音を出す」
この噛み合う感じが出てくると、良い声が出てきます。

クリエイティブな行動でも、こうしたことが起こります。
フォースとして歌が降りてくるのですが、作曲するのはパワーです。
フォース×パワーの合わせ技が必要なのですね。

もっと身近な視点で見れば、
スタバのチャイが飲みたい＝フォース

スタバに行ってチャイを買う＝パワー
という感じです。

フォースが降りてくる・湧いてくる、
そのエネルギーを感情で変換してパワーに出力する
という流れがよくある構造です。

実は普段から、私たちがやっていることなのです。

POINT

フォース×パワーの合わせ技が必要！
湧き上がるフォースを行動というパワーにしよう。

好きなこと・やりたいことで生きていく

これからのネオスピの時代、大切なのはフォースで生きていくことです。
湧き上がる願い（フォース）を叶えていくのをデフォルト、
つまり標準にしましょう。

内側から湧く願いを叶え続けてゆくと、豊かになります。

なぜなら、あなたの内側と宇宙はつながっているからです。


「あなたはどうしたいの？」

「私はこうしたい！」

というシンプルな生き方が

今後、主流になってくるだろうと私は感じています。

世の中がどんどん宇宙意識になっていく時代は、「個」の時代です。
自分の内側から湧く願いを叶え続けていくことが必要な時代になっています。

ただし、ここで注意したいのが、
「それなら心地良いことだけをすればいいのね！」
という発想なのですが、そこには落とし穴があります。

例えば、「動きたくないから動かない」「怖いからやらない」
「めんどくさいからやらない」というのは、私は違うと思います。

「本当のあなたはどうしたいの？」という視点が重要です。

そのため、怖いけど勇気を出して「やる」という姿勢がとても大事になってきます。

怖いから、気分が乗らないから、というのは意識の表層も表層。
「本当はやりたい」というのが本音である場合が多いのです。
あなたの心の声に耳を傾けてみましょう。

ちなみに、「男性性」「女性性」という言葉がありますが、
自分から湧き上がるものは女性性的で
自分から行動していくことは男性性的であるとされます。

「風の時代」は女性性の時代でもあるので、
怖くても、めんどくさくても、
自分の内側から湧き上がる女性性を叶えることが重要です。
そして、「願いがあればいつでも叶えるぞ！」という男性性も
発揮させていきましょう。

その結果、あなたの中の女性性が男性性を信頼して、
願いが叶いやすくなっていくという構図になります。

日々の小さな願いを叶えていくことで、
男性性が鍛えられて「勇者」のようになっていくのです。
そうすると女性性が輝き出し、
どんどん願いが湧き出てきて、良い循環が生まれやすくなります。

男性性が女性性を信頼していると、ひらめき（女性性）が起こりやすくなるので、
たとえ仕事がなくなろうが、必ずひらめきやアイデアが湧いてきます。
それを叶えればいいだけなので、
「絶対に大丈夫！」と思えるようになっていきます。

そして、この信頼関係は現象化していきます。

自分の中の男性性と女性性の関係性が具現化するので、
自分にとって理想のパートナーが現れたり、
現在のパートナーと良い関係を築けるようになったりするのです。

信頼できて、自分の願いを叶えてくれるパートナー。欲しくないですか？
次の章では**ネオスピ時代の愛【Love《ラブ》】**についてお話しします。
最高のパートナーを現象化させちゃいましょう！

POINT

「本当の私はどうしたいのか？」という視点で
やりたいことから本音を探って
自分の本音を自分で叶えていこう！

第2章

正しく生きなくていい、本音で生きよう

Love

ネオスピ時代の愛は「本音」がすべて

旧時代の愛は「接触」する、触るのが一般的でした。
ネオスピ時代の愛は、インターネット、もっといえばエネルギーの時代といえます。

昔だったら出会い系といわれたことが、
マッチングアプリという言葉になって、
今では恋愛を求める人の多くが使うようになりました。

遠くの人と出会うことにも抵抗がなくなり、
近くの人でないと恋愛や結婚がしにくい時代ではなくなってきたように感じます。

もう、海外だろうがなんだろうが関係がない時代です。

近い将来には、会っていないけれど脳波で肉体が感じられるような技術も出てくるのではないかと思います。

今後は、「本音で生きる」ことがますます重要になってきます。

これがネオスピ時代の愛に関して、最も大切なポイントです。

自分の本音は宇宙からやってきています。なぜなら、私たちはエネルギーで大宇宙とつながり合っているからです。

本音は自分が湧かせているのではなくて、大宇宙からやってきているのです。
大宇宙からハートに発せられているあなたの本音。
それを周囲に伝えることで、あなたが幸せになるのはもちろん、
パートナーも、そして地球や宇宙に生きる人々も幸せになっていきます。

なので、自分の本音を、勇気をもって伝えることが大事です。
あなたが生まれてきたのは、
本音を伝えるという体験をするためだと思ってください。

とはいえ、今この時代に生きている人はその過渡期にいます。
古い時代の経験を持ちつつ新しい時代の経験をする、
今まさに「本音で生きる」ための切り替えのタイミングです。
そのため、つらかったり摩擦が起こったりする時期でもあるのです。

きっと、本音で生きる、本音で話すときに心配なのが、

「人の気持ち」を考えすぎてしまうことだと思います。
もちろん、人の気持ちを考えることは大切です。
そのため、本音を話すときには
丁寧にコミュニケーションを取ることがとても重要になります。
でも、**自分の本音をいえないことのほうが問題**かもしれません。
以下に挙げる「思い込み」は旧時代のことだと考えましょう。

【旧時代の思い込み例】

- 相手に迷惑をかけてはいけない
- わがままをいってはいけない
- 本音と建て前を分けて考えなければいけない
- 学校で教わったことが正しい
- 本音をいったらいじめられる

挙げ出したらキリがありませんが、すべては旧時代の思い込みのエネルギーです。

「本音がいえない」の裏には
こういった思い込みがあることに気づいていきましょう。
少しずつ勇気を出して本音を伝えていくことで思い込みのブロックも外れていきます。
こうやって思い込みのブロックを外しながら、
相手に丁寧に伝えていきましょう。

「家族や親友など身近な人には本音が話せるようになったけれど、
少し遠い知人や会社の同僚、逆に大好きなパートナーなどには
本音が話しにくい場合はどうしたらいい？」という質問も受けますが、
話しやすい人にいっぱい話してみることから始めていくといいと思います。

話しやすい人で「本音を伝える練習」をしていって、
少しずつ枠を広げるという意識が次のステージをつくっていきます。

また、伝えるときのエネルギーも重要です。
伝えるときの〝軽さ〟が大事で、深刻にいわれたらちょっと重いわけです。
深刻なことほど軽くいう癖をつけると、相手も受け入れやすくなってきます。

「本音で生きる」「本音を伝える」と聞いて、実際にやってみると、
最初は傍若無人《ぼうじゃくぶじん》に振る舞ってしまうかもしれません。
でも、そんな失敗をしてもオールOKです!
人はこうして失敗しながら進化していくのではないでしょうか。
自分の失敗も相手の失敗も
あたたかい目で見ていくのが宇宙意識なのです。

POINT

旧時代の思い込みがあなたの本音を邪魔している!
自分の持っている思い込みに気づいていこう。

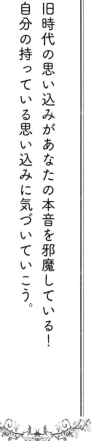

我慢＝エネルギー公害

「本音で生きる」と聞くと、感情のありのままに生きると思われがちですが、
私はそうは思いません。

私が思う本音とは
感情の奥にある「こうしてほしい」という想いです。

そのため、本音で生きる・本音を伝えるとは、
「私はこうしてもらえたらうれしい」という
心の一番奥にある想いを伝えることだと思います。

でも、**どんな感情だって抱くのは自由**です。

極端な話ですが、他人を「大嫌いだ！」って思ったりしてもいいです（笑）。

感情に正直になる、というのは「自分に対して」が大事。

他人にいわなくてもいいですが、自分だけはその感情にしっかり気づいてあげることが必要なのです。

自分の感情にすら気づかず、我慢をしてしまうというのが一番まずいです。

なんかイライラしているという「我慢」は、もはやエネルギー公害といえます。

エネルギーは伝染するので、ほかの人に伝わってしまいます。

「この人、ムカつく！」
とか自分で思ってしまうほうが断然いいです。
その感情を受け入れてあげることで自分の感情が変わり、
周りに放つエネルギーが変わってくるからです。

我慢は人のためと思っても
エネルギー的には迷惑だったりします。
我慢できているように見えても、エネルギー的には伝染しています。
自分の感情に我慢をしないことが最も、他人の迷惑にならないのですね。

自分の本音が伝わりやすいのがネオスピの時代です。
そのため、「我慢せずに勇気を出して伝えてみる」というトライを意識してみてください。

そして、大事なことなのでくり返しますが、「本音を伝える」とは感情をありのままに伝えるのではなく、**感情の奥にある「こうしてもらえたらうれしい」を伝える**ことです。

忘れないでくださいね！

POINT

我慢しているようでも、エネルギーは伝染している。
まず自分で感情を受け入れて解放してあげよう。

「正しく」なくていい

正しさは、いりません。というか、正しいってそもそもなんでしょう。

今まではテレビや新聞など一定のマスメディアからの情報が
大きな影響力を持っていたので、共通意識が生まれやすい時代でした。
ですが今は、インターネットから個人個人が拾ってくるようになってきました。

共通意識としての「正しい」「正しくない」が
どんどんなくなってきているように感じます。

つまり、**「私の」正解・不正解でしかなくなってきている**のです。

まさにネオスピ時代で最も重要な
「私はどうしたいの？」の世界になるのです。
これからどんどん、「普通」が通用しなくなっていきます。
「普通」に依存してきた人は、
どう生きていいかがわからなくなる時代かもしれません。
逆に、**「自分軸」で生きてきた人は**
今後どんどん生きやすくなる、ということでもあります。

正しい・正しくないがなくなってくるので、
「〇〇すべき」「〇〇しなければならない」という考えも
生まれてこない時代になってきます。
そもそも、ジャッジする判断基準の共通認識が生まれなくなってくるからです。
なので、「ジャッジする」という意識もなくなってきますね。

「あなたはそう思うのね」「私はこう思うの」

「違いがあるから、おもしろいね」「同じ考えもうれしいね」
というような意識になっていきます。

自分の正しさの価値観に合うパートナーといるのも、もちろんいいでしょう。
でも、自分の正しさと合わないパートナーといるのも、
「この人の価値観は違うけど、でもなんか好き」で一緒にいるのもいいのです。

共通認識、固定概念の枠が取れたオールOKな宇宙の意識は、
「正しいか正しくないか」という枠を外していくことで、
意識の拡大のスピードが速まります。

今、この章を読んで、「正しい」の思い込みがパカッと外れたかたもいるでしょう。
でも、「今はまだそんな風にまったく思えない」というかたも、
焦らなくて大丈夫です。
時代のエネルギー、地球全体のエネルギー、

そして、みんながつながり合っている集合意識が変化しているので、
ご自身のタイミングでパカッと気づきが起こります。

そして、今こうやって
「急がねば」という焦りの枠を取っていくのも、意識の拡大です。
でも、パカッと気づきのタイミングを早めたいかたは、
ぜひこの本に書かれていることを少しずつでもいいので、実践してください。
実践し、体感することで、圧倒的な速さで意識が拡大していきます。

でもでも、焦らなくても大丈夫ですからね！（笑）

POINT

「正しい」「正しくない」よりも、
自分にとって「正解」「不正解」という視点を大切に。

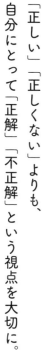

相手とは理解し合えないと知る

「私のことを理解してもらいたい！」という気持ちがあるからこそ、
「理解されなかったらどうしよう」という心が働いて本音がいいづらくなります。

でも、そもそも
「相手は私のことを理解なんてできない」
「私も相手のことを理解なんてできない」
と認識することが重要です。

人間はそれぞれに生きてきた環境が違います。
そうした状況で、お互いのことが１００％理解し合えるでしょうか？

お互いが理解し合えないというスタンスでいると、本音もいいやすくなります。

「私はこういうふうに感じている」
「だからこういうときはこうしてくれたらうれしい」
そして、「あなたはどう思う？」とコミュニケーションを取っていく。
これだけでいいのです。

理解はされていなくても、そう行動してもらえたらうれしいものです。
それがお互いにできたら、お互いうれしいのです。

「なんでわかってくれないの！」という感情が出るのもわかりますが、
そもそも理解し合う義務も、理解される権利もありませんよね？

こればっかりはどうしようもありません。

100%を相手に求めるのは無理なのではないかと思います。

「え〜！　そんな関係さびしい……」と思うかもしれませんが、
理解し合わなくても良い関係性はつくることができます。
相手のいうことは理解こそできないけれど、
こういうことは嫌とか好きとかがわかれば、行動はできますよね。

その行動も「愛」です！

なぜ「理解されないとさびしい」と思ってしまうのでしょう。
親に理解されない、彼氏に理解されない、友達に理解されない——。
そんな過去の傷ついた経験から
「拒否された」と心が反応してしまうからかもしれません。
でも、**そもそも理解されてないことは「拒否」なのでしょうか？**

妄想で「拒否」されたと思っている人もいれば、本当に言葉として拒否された人もいるかもしれません。

でも、いずれにせよ、相手にあなたを傷つける意図があるときを除けば、「理解されないとさびしい」というのは、**相手に問題があるのではなくて、自分の傷ついた過去の心が反応しているせいだと知ることが大切です。**

これまでの話を聞いて、「どうしても感情的に理解できない」という人もいると思います。

でも、安心してください。

理解ができなかったり、腑《ふ》に落ちなかったりしたことがあっても、
これからはご自身のタイミングで
「ハッ」と気づきが起こる時代になってきています。

まさにネオスピの時代になると、
すべてがハッとわかるようなことが起こってきます。だから安心してくださいね。

私自身、実はあるタイミングまで
当時結婚していた元旦那さんの帰りが遅いことを常に怒っていました。

しかし、あるときに急にパカッと気づきました。
「全然悪いことじゃない」と気づいたのです。
今までは〝地球の常識〟にとらわれていただけ。
そう、**ただ自分がさびしいだけのことを、「悪」ととらえていた**のです。

今もし、
「そんなふうに考えられる気がしない……」という人も心配しないでください。
こうやってこの本で新しい考え方（エネルギー）をインプットしておけば、
ネオスピの時代、時が来れば
ご自身のタイミングで勝手に気づけるから大丈夫です！

POINT

理解し合えなくても、行動すれば愛。
人の気持ちが100％わからないのはしょうがない！

約束は守らなくてもいい⁉

正しさや悪さの裏には、「約束」という言葉があります。
しかし、宇宙意識では「約束を守る」という決まりはありません。

なぜ、約束を守らなくてはいけないというルールがあるのか、
そのルール自体が宇宙意識的にはおかしいのです。

「約束を破られたら悲しい」という自分がいるのは間違いありません。
それはつまり、
「約束を破らないでくれたらうれしい」というだけです。

嘘をついてもいいのです。
嘘をついちゃいけないなんてことはないのです。

嘘に対する反応もさまざまです。

例えば私が嘘をつくことによって
Aさんは傷つく。
Bさんはなんとも思わない。
Cさんはおもしろいと思う。
Dさんは優しいなと思うかもしれません。

嘘をつくという行為に良い・悪いがあるわけではなくて、
そこには、**相手がどうとらえるか、**しかありません。

嘘をついてほしくないから正直にいってほしいかもしれないし、

人によっては嘘をついて真実を隠してほしいかもしれない。

守ろうと守らないであろうと
相手に強制する権利も、相手が守る義務もないのです。

それでも一緒にいたければいればいいし、
もちろんストレスが大きければ離れればいいのです。

でも、だからといって
「嘘をバンバンつきましょう」ということではありません。

ポイントは一貫して
自分の本音、「自分はどうしたいのか?」です。

「嘘はつかないでくれたらうれしいな」
という「お願い」でしかない、ということを理解するのが大事です。

「約束を守る」「嘘をつかない」は宇宙のルールではない、ということです。

「悲しい」という感情はあっても、

「なんで嘘をつくの！」という矯正や糾弾をしようとすると宇宙意識からは遠のいてしまうのです。

POINT

約束を守らなかったり嘘をついたりすることに良い・悪いはない。

あなたの運命の人は一人ではない

さて、これまで話したことを実践してしまうと、
「パートナーとの仲が悪化するのでは？」
と感じる人もいると思います。

でも、本音をいえずにつらいことを溜め込んで、
悲しい感情を押し殺して付き合っていても、
それは果たして幸せでしょうか？

運命の人は地球に一人ではない、
ということを知ることで、視点はガラッと変わります。

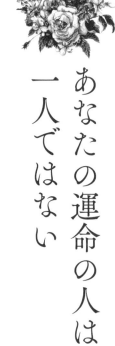

「この時期」の運命の人でいいのです。
運命が終わったらお別れがくるときもあります。

でも、失恋したら悲しいですよね？

過去に私の動画を見ていた人は、失恋した私がYouTube上で泣き出してしまった動画を見たことがあるかもしれません（笑）。

感情を感じきって、いったん手放すという一連の流れをイメージしてみてください。

その執着・悲しみ・さびしさの感情を一度感じきり、手放してみると、その人があなたにとって必要な場合は必ず戻ってきます。そして、それは新しいエネルギーとなって返ってきます。

この一連の作業をすることで、エネルギーがクリアになるので
そのときのエネルギーに合った人と出会えるようになっていきます。

どんなに運命の人でも、オノヨーコのような例もあります。
ヨーコはジョンの後に恋人がちゃんといるといわれています。
それでも彼女はジョンを愛し続けています。

実際、別れが来るときはステージアップのときです。
自分のエネルギーに合った人が現れる前兆なのです。

でも、「この人を絶対に手放したくない」という気持ちならば、
手放さなくてもいいのです。

今の自分の気持ちをそのまま受け止めてあげましょう。

すると、手放す必要がある場合は、自然な流れで、あなたのタイミングで手放されていきます。

つまりは本音を受け入れてあげて、自分の本当の気持ちに正直になることが大事なのです。

そしてこの世界は、本当に自分の深いところの望みが叶っていくようにできています。これは恋愛だけでなく、すべてにおいて**「あなたの本当の望み」が叶っていく**というのが宇宙のシステムです。

別れてもなお、復縁したいと思っている

人がいるかもしれませんが、そんなときには次の質問を自分に投げかけてください。

地球上にいるすべての最高な男性に求愛された場合でも、
今のその元彼を選びますか？

「YES」
or
「NO」

YESであれば元彼が戻る。
NOであれば別の人になる。

私の場合は、YESとはいえませんでした。
でも、そのときの彼は間違いなく、ある時期の運命の人でした。

あなたも問いかけてみてください。
すべての条件が整っていて、すべてが満たされているとき、
あなたはその人を選びますか？

POINT

別れは自分のエネルギーに合った人が現れる前兆！
必要ならば、新しいエネルギーで戻ってくる。
本当の望みが叶うのが宇宙のシステム！

「同居離婚」と子育てについて

愛はパートナーだけでなく、**「子どもへの愛」**もあります。
ここで私が気をつけていることをお伝えします。

私は「同居離婚」をしています。
前の旦那さんとは離婚しているのですが
家族として一緒に住んで息子を育てています。

その経緯はYouTube上でかなり細かくお話ししているので、
興味がある人はそちらをご覧ください。
それだけで本が1冊できてしまうくらいの内容なので……（笑）。

最初のきっかけは、私が元旦那さんの公認で彼氏ができたことなのですが
私はその彼氏のことを子どもにも正直に伝えていました。

当時、息子がまだ3歳ぐらいでしたが、常に本音を伝えていました。
ここで重要なのは、フラットなエネルギーで伝えるということです。
このポイントは、もうすでにお伝えしましたよね。

「美湖ちゃんはパパのことを
男の子としては好きじゃなくなっちゃったのね。
だけど、パパのことは家族としては大好きなの」
「そして、ほかに男の子として好きな人ができたの。
だから、どっちにも愛がいっぱい増えたんだよ」

こんな感じで伝えていました。
これが私の心からの本音だったからです。その本音を素直にフラットに伝えました。

そのエネルギーが伝わって、現在小学6年生の息子は
「同居離婚、全然いいじゃん」
と一点のネガティブさもなく、本当にのびのびと育っています。

受け取り手は、エネルギーを受け取ります。
特に子どもというのは、理屈よりもエネルギーを受け取ります。

また、親だからといって、子どもに
「ああしなさい」「こうしなさい」という権利はありませんよね?

「この子のために」と思いながらも、
「子どもの将来が安定してほしい」「幸せになってほしい」と思う気持ちは、実は親

である自分が、幸せな子どもを見て安心したいからではないでしょうか。

自分が安心するために勉強やスポーツ、習い事をやらせるなら、それは実は親である自分のためではないでしょうか？

そのため私は、子どもに対してもすべてお願いのスタンス、もしくは提案ベースで伝えています。

私が安心するからこうしてほしいというお願いであれば、「こうしてほしいんだ、どうかな？」とお願いしてみることです。

そしてまた、子どもにはあらかじめ、
「お願いをもし嫌だと思ったら、自分のために
親であろうと先生であろうとNOといってほしい」と伝えています。
「でも親だから、心配だと思ったら怒ることもするよ」とも伝えてあります。
「でも、親の反対を押しきってでも
本当にやりたいことならやり遂げなさい」とも。

親＝しつけるとか命を守る存在という意味で
「怒る」というコミュニケーションを使うことはあります。
赤信号を無視したら車に轢《ひ》かれる、とかそういうことですね。
でも、親に怒られてでも、
本当にやりたいことはやり遂げればいいと伝えてあります。

また、「感情的になっていい」とも伝えてあります。人間ですもの。
特に親しい関係では、感情的にぶつかることもありますよね？

お互い感情的にぶつかるときがあってもいい。
むしろ、そういうときは、
「気持ちをため込まないで。いいたいことはいいなさい！」とも伝えます。
でも、お互いに出しきって、素直な気持ちが湧いてきたら、
「ごめんねといい合おうね」って伝えてあります。

これは恋人や夫婦間でも一緒ですよね？

お互い感情的になることもある。虫の居所が悪いときもある。
そんなとき、
感情的にならないように、相手の癇《かん》に障らないようにと気をつけるよりも、
お互い感情的になったときの対処法を一緒に考えていくような関係性を築いておくほうが、楽なのではないかと思います。
また、こまめに感情が出るぶん、ため込んでの大爆発が少なくなります。

感情はナマモノ。ため込んだら、発酵して爆発します！
なので、親子も、恋愛も、夫婦も、
発酵しない関係性をつくっていきましょう。

このような関係性をつくることで、
感情状態が安定し、エネルギーも安定します。
そのエネルギーによって、引き起こされる現実が安心の世界になっていくのです。

POINT

子どもにも本音をフラットに伝える。
子どもに対してもお願いのスタンスで。
感情をため込まず、出し合ってもいい関係性をつくろう！

女性からのコミュニケーションが大事な時代

男女のコミュニケーションのすれ違いに関連する
エピソードを1つお話しします。

デートのとき、
つないでいた手を離されてしまったという現象があったとしましょう。
これは最近、私に実際起こった現象です（笑）。
そうです、私は手を離されてしまったのです。

このような場合、つい
手を離した

↓
手をつなぎたくなくなった
↓
私のことが嫌になった
↓
悲しい
というような思考や妄想になりがちです。
でも、事実は「手を離した」だけです。
そして相手がなぜ手を離したのかは、聞いてみなければわかりません。

そこで私は
「手をつなぎたくなくなっちゃった？」と相手に聞きました。
すると
「え？　全然そんなつもりはなかった」とのこと。

どうやら無意識に手を離しただけでした。これを聞いたら安心ですよね。

ですが、つい思考が飛躍して妄想へと発展して
悲しくなり、嫌われたと勝手に思い込む人もいると思います。

大切なのは「事実か？　妄想か？」と自分に問いかけることです。

さらに、男性に聞く場合は大切なポイントがあります。
それは、これまでにもお伝えしてきたとおり、
「軽く聞く」ということです。

こうした場面では、男性は経験上「責められている」気がしてしまうのです。
女性が悲しくなっているという事象について、
男性は責められている気がする生き物なのです。

そのため、責められていると思われないために
なるべくフラットに軽く伝えることが重要です。

そして、「悲しい」というのは自分の内側の問題であるケースがほとんどです。
自分の内側にある心の傷が、
ある行動によってうずいて痛いわけです。

「悲しい」は自分の問題です。
自分の心になにかがあるから反応として出てきているだけです。

パートナー間で感じ方の度合いが違うケースは非常に多いです。
なので、「私はこう感じている」「こうしてくれたらうれしい」というのは
女性側から伝えたほうがいいと思っています。

詳しくは次の項でお話ししますが、

女性側から素直になっていくのが、すごく大事な時代になっているからです。
たしかに勇気がいりますよね。

でも、**感じるのは女性性のお仕事。**
本音を伝えることがパートナーシップの本質です。

POINT

相手のコミュニケーションで気になることがあったら
まず「事実なのか」「妄想なのか」考えてみよう!

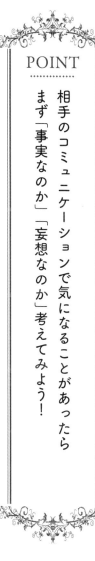

ネオスピ的「男女論」

大きなスピリチュアルの話をすると、
「男女」というのが地球の1つのテーマです。

そして、男女はこの地球において、
違う肉体を持っていて、性質的な違いというものがあります。
ネオスピの時代はボーダーレスになってきますが、
ここでは総称的な男女という解釈でお読みください。

私はこれまで、スピリチュアルを基礎とした
パートナーシップの講座も行ってきました。

あるとき、私に宇宙からメッセージが降りてきました。

「女性は、自分の本音をつかみ、
勇気を出して素直にパートナーにお願いをすることで、浄化し覚醒する」

「男性は、自身のこだわりやプライドを緩めて、
愛する女性の願いを叶えようとしていくことで、浄化し覚醒する」

「そして、これは女性の本音が先。
女性の1点のエネルギーから、女性の覚醒も男性の覚醒も起こる」

すでにお伝えしたとおり、
女性性は湧き上がる「本音」で、男性性は叶えていく「行動」を象徴します。

女性は勇気が必要だけれど、本音を伝えてみる。

男性は大変だけれど、それを叶えようとやってみる。

提案はいつだって女性側からだけど、叶えてくれるのは男性です。
なので、女性もがんばりましょう。
ドキドキするし勇気がいることですが、
自分のためにも相手のためにも素直になるのが一番お得です。

ネオスピの時代は、風の時代でもあります。
風の時代＝女性性の時代です。
湧き上がるものから始まる時代なのです。

女性の願いを叶えてくれる男性の姿が社会的にも大事になってきます。

私は婚活塾の講師もしていましたが、そこでは受講生さんに

・本音を伝える＝フルスイング

・的《まと》出し＝要望を伝える

とお伝えしていました。

また、私のパートナーシップ講座でもお伝えしている具体的なフォーマットがあります。

例えば、なにかをされて嫌だったときに、

「（〇〇してくれてうれしいけど）私は〇〇されるのは苦手だから△△してくれるとうれしいな」

と笑顔で伝えることです。

その際、「△△してくれたら、たくさん感謝する！」

ということもセットで伝えます。

「なんで察しないの？」「なんでできないの？」「なんでやらないの？」

という言葉は、気持ちはわかるのですが、まったく意味がありません。

ここまで読んでくださったあなたなら、
相手を責める言葉になってしまっているのが、わかりますよね？

POINT

女性は「なんで？」と原因を聞くのではなく
やってほしいことを素直に伝える勇気を持とう。
男性はがんばって行動に移し、それを叶えてあげよう。

愛だと勘違いして受け取っちゃえばいい

現実の人間関係では、一見良いことも悪いことも起こります。
（本来は良いも悪いもないのですが）

しかし**全部「愛されてる」って思って受け取ってしまうほうが人生は楽**です。

「大好き」とか「面白い」は普通に受け取ればいいと思いますし、
「馬鹿なの？　頭おかしいの？」と人にいわれても
「私はスペシャルなんだな～！」と思って
それが愛だと思って受け取っちゃえばいいのです。

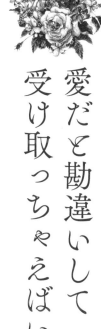

目の前に起こるさまざまな事象を
「すべてから愛されている自分だったら、どう考える？」という視点で見ると、
エネルギーが自分の思いどおりに作用していきます。
そうすれば感情の状態が変わってくるから、現象が変わってくるのです。

大宇宙の視点はすべて愛です。

あなたに起こっていることは大きく見ると、すべて愛なのです。

どんなことも愛だと思って「勘違い」して受け取ると、
宇宙のエネルギーと共鳴していきます。

「美湖さんは絶対的な自信があるから、そう受け取れるんでしょ？」

と思うかもしれませんが、もし自信がない場合は「愛だ！」ではなく、

「愛かもしれない」で受け取るように意識してみてください。

「愛されているのかもしれない！」と考えるだけでエネルギーはかなり変わってきます。

「可愛いね」「美人だね」といわれても、「嘘でしょ？」「お世辞でしょ？」と受け取ってしまう人もいるわけです。

でも、結局、**真実かお世辞かなんてわからないのだから、全部が愛だと思って受け取っちゃえばいい**のです。

そんな私のことを、あなたは頭がおかしいと思いますか？

私は「頭がおかしい」は最高の褒め言葉だと思っています（笑）。

クレイジーなことは最高にかっこいいのです。

相手から馬鹿にされたとしても、
（マジョリティよりもマイノリティのほうが馬鹿にされやすいと思いますが）
それはかっこいいことです。

余談ですが、私は
「クレイジーはスペシャル！」という文化を
ネオスピでつくっていきたいと思っています。

「唯一無二だよね」というとらえ方で
褒め言葉として受け取れれば、生きやすくなる人がいっぱいいるはず。
そういう方向にだんだん変わっていくのは時代の流れだと思います。
まさにネオスピの時代の流れです。

人と変わっていれば変わっているほど

「かっこいいですね〜」っていわれる時代がやってきます。

みんなと同じようにできないことに苦しんでいる人が大逆転する時代に入っているのです。

POINT

どんなことも愛だと思って受け取ることで宇宙とどんどん共鳴していく！

どんなこともフラットに伝えれば大丈夫！

この章の最後は、「フラット」という言葉で締めたいと思います。

ネオスピの時代は
「解決しよう！」と取りかかろうとした瞬間に解決策がやってくる――
そんな時代です。
フラットにすべてを本音で伝え、フラットにすべてをとらえることができれば、
解決策は宇宙から降ってくるのです。

いいづらいことがあり、それを「よしっ、伝えるぞ」と決心したところ、
ほかの人が話していて自動的に周知される結果になった――

という、まさに風の時代を象徴する
「風のうわさ」が巻き起こったりするのです。

私の友人は結婚を決意して、「自分の親に伝えよう！」と決断したところ、次の日に伝える前にSNS上の友人経由ですでにバレていた――
という現象が起こったと話していました（笑）。

どうせ、隠しても伝わってしまう時代なのです。

- 女性性＝湧き上がるもの
- 男性性＝行動

これを意識しながら、小さなことからでいいのでフラットに笑顔で伝えていく。

あなたのパートナーを、家族を、大切な人を、
あなたが好きになった相手を信じてください。

あなたの本音はきっと、絶対に伝わります。大丈夫です。

次の章からは、いよいよ**スピリチュアル【Spi《スピ》】**という部分、
核心に触れていきたいと思います。

POINT

フラットにすべてを本音で伝え、とらえることができれば
パートナーや家族、大切な人とは絶対にうまくいく！

第3章

宇宙の中心は「ネオスピ」であるあなた

Spi

「スピリチュアルな生き方」とは？

スピリチュアルとはなんなのか？
それは「生き方」だと私は思っています。

「スピリチュアル」と聞くと、
普通の人には見えないオバケ的なものが見えたり、
普通の人には聞こえない声が聞こえたりすることだと思っている人が
少なからずいます。

スピリチュアルとは、見えないものを見る力だけではありません。
イタコのように死者の声を聞くことだけではありません。

精神世界や宇宙のパワーを使って
現実創造・願望実現していくことがスピリチュアルの大きな役割の1つです。

では、実際どうしたらいいか？
それは「エネルギーを変化させて使っていく」ということです。
では、エネルギーはどうしたら変わるのか？

エネルギーは意識や思考、感情、さらには肉体などからも変わります。
いま挙げたものは**生き方**によって変わっていきますよね？
なので、**「どう生きる」かがエネルギーを変えていく**と私は思っています。

だからこそ、生き方を追求することが
「スピリチュアル」であるというわけです。

私たちは思考や感情でエネルギーが変わっていきます。
そして、自分の放つエネルギーによって引き寄せが起こります。

つまり、「どこに意識をフォーカスして、
自分がどんな感情状態であるか」が願いを現実化するうえで最も大事です。

そしてそれは、どんな習慣・どんなとらえ方をしているかで
エネルギーの状態が変わっていきます。

習慣＝生き方なのです。

ちなみに、幸せとはなんでしょうか？
「なにを得て、どんな気持ちになるか？」
「なにを体験して、どんな気分になるか？」

この感情部分が「幸せ」ということなのです。

たとえ、億万長者になったとしても、いつも不安でいっぱいだったとしたら、それは幸せでしょうか？

なので、**幸せとは感情状態**です。

この『ネオスピ!!!』に書かれていることは、その感情状態を今すぐに変えていく内容になっています。

習慣やとらえ方を変えることで、「今」の感情状態が変わります。

感情状態を「今」切り替えることで、今すぐ幸せを感じられるのです。

そして、**今幸せだと、その「今」の感情エネルギーで引き寄せが起こり、幸せな未来も引き寄せられます。**

さらに、**ネオスピ時代の生き方に変えることで、「今すぐ幸せで、未来も幸せ」な世界が、楽に創造されていきますよ。**

一人でも多くの人が、楽にエネルギーを変えていってもらえたらいいなと思い、この本を書いています。

POINT

スピリチュアルは生き方。幸せとは感情状態。今幸せだと、未来も幸せになる！

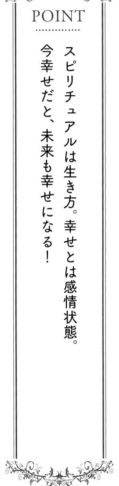

あなたが世界の創造主

突然ですが、実はあなたは世界の創造主です。

「えっ、神？　人間ですけど……」と思うかもしれません。
でも、あなたが神様なのです。

では具体的に説明しますね。今までのおさらいです。

私たちは素粒子の集合体です。
素粒子が振動をしていてエネルギーを放っています。
そのエネルギーの数値によって世界に起こる現象が変わっています。

つまり、**あなたが放つエネルギーによって現象が変わるということは、いい換えれば、世界はあなたがつくっているの**です。
これが「あなたが創造主」とお伝えした理由です。

「私」は目の前に広がる世界の創造主。
「あなた」も目の前に広がる世界の創造主。

あなたの世界に「美湖」という人がいるとするならば、
あなたが私を出現させているのです。

この本を閉じて、私のことをあなたが一生出現させなければ、
もうあなたの世界から私はいないことになります。

つまり**一人一人に対して、一人ずつ宇宙（世界）が用意されている**のです。

では、ほかの人の宇宙とまったく関係がないのかというと、それはちょっと違います。

生まれる前の私たちは、意識（エネルギー）の状態で、源である宇宙そのものです。そう、そもそも私たちは宇宙そのものなのです。

そして、万物がこの源の宇宙で１つになっています。

でも今、この地球で肉体という〝命の器〟に、本来の宇宙エネルギーの一部を注ぎ込んで「あなた」が存在しています。

みんなが大宇宙の源でもともと1つですし、
地球でそれぞれ肉体を持っていてもエネルギーでつながり合っています。
そして大きな流れによって、宇宙の調和がなされているのです。

簡単にいうと、私たちはみんなつながっていて、大きな流れの中にいます。
そのため、誰かが「やってほしい」と思っていることが
誰かの「やりたい」につながっているのです。

私たちは大宇宙でつながり合っていて、
歯車の1つのようでもありながら、
「やりたい」と思ったことが宇宙の創造の流れを起こすので、
自分が大宇宙の流れの起点でもあります。

「私」がこうしたいと望んだ瞬間に、
大宇宙が瞬時に流れをつくり出します。

そして、その宇宙の調和が整ったときに
（望んだ世界のエネルギーと、あなたのエネルギーが同調したとき）
現象として、望んだ世界が目の前に現れるのです。

POINT

私たちは大宇宙そのものであり、
みんなでつながり合っている。
あなたが望んだ瞬間に流れが生まれる！

現実創造がうまくいかない原因と対処法

前項でお話ししたことを前提にすると、
もし、現象として具現化していないものがあるとすれば、
それはまだ調和が整っていない状態（エネルギーが同調していない状態）です。

例えば、**「こうしたい！」と思った後に**
「無理だよね〜」と思ってしまうと、
エネルギーが「できない」ほうに同調してしまうのです。

「こうしたい！」と、望んだ世界が叶った感情で放ち、
できるだけその叶った感情状態でいる時間を増やすことが大切です。

そして、すべては宇宙の調和の中なので「損得」という概念はありません。
たとえなにかが失われたりしたところで
宇宙の調和の流れの中だから、なにか意味があって起きていることです。

一見、損したと思うような出来事も
あなたが必要なときに必要なぶんだけ巡ってきます。

すでにお伝えしたとおり、
エネルギーの振動数、つまりヘルツを変えていくのが感情です。
思考＋感情でエネルギーの数値が変わるようになっています。

そして常に、あなたのエネルギーで引き寄せは起こっています。
あなたのエネルギーのヘルツが、
望む世界のヘルツと合ったときに望む世界が現象化されます。

今幸せだと感じていると、エネルギーが幸せな世界のエネルギーと合い、未来の幸せが現実に起こってきます。

でも、口でいうのは簡単ですが

テンパっていて、ネガティブな感情が巻き起こっているときもありますよね。

そこを「ヨイショ！」と気持ちを切り替えて

ハッピーな感情状態に持っていきたいところですが、

「どうしてもできない！」という場合だってあります。でも、安心してください。

ネガティブなエネルギーでガーンゴンギンドーンとなっている場合でも、幸せになる流れにはみんな乗っているので大丈夫です。

くり返しますが、私たちは大宇宙の大きな流れの中にいます。

それはものすごい激流の創造エネルギーの渦で、あらがうことはできません。

ちょっとやそっとネガティブになっても大丈夫です。

でも「ヨイショ！」って気持ちを切り替えられるのであれば切り替えていきましょうね。

ホッと安心するエネルギーは宇宙と同調し、より大宇宙の流れに乗りやすくなります。

POINT

願った後の「無理だよね……」は厳禁！
「こうしたい～」をシンプルに放つだけでOK。

「エネルギーの御神体」をどう扱う？

というわけで、自分というのは創造主です。
つまりエネルギーの「御神体《ごしんたい》」みたいなものなのです。
あなたが放つエネルギーで現象が引き起こってくるし、
あなたが放つエネルギーで世界がつくられていくのです。

だからこそ、
自分をホンモノの「御神体」だと思って扱うことが大事になります。
ご自身が御神体と思ったら、どういうふうに扱いますか？

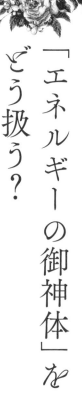

御神体に失礼なことをしていませんか？
今ここで、自分自身が御神体であると意識してほしいと思います。
自分のことを御神体と思っていない人がすごく多いのです。

「私はエネルギーの御神体である」と唱えてもいいです。
それを今ここで強烈に意識してください。

日々の生活においては、
「惨めだな」「雑に扱われてるな」と思うときもあると思います。
でも、自分がエネルギーの御神体であれば、
そんなときだって、どういう行動をするでしょうか？
想像してみてください。

そして、これは女性限定の話ですが、

女性は命を生み出すという機能がついています。
女性はまさに「生命誕生の御神体」です。

子宮というのは神社のお宮みたいなもので
具体的に命という御神体を宿します。
「命を生み出す」というのは神のなせる業なのです。

物理的に命を生み出す、つまり女性は生み出すものです。
前章でもお伝えしたとおり、
女性性は湧き上がるものです。命さえも湧き出てくるのです。

けっして女性が男性よりも優れているといいたいわけではありません。
また、今世は女性だとしても、
来世や過去世が男性の場合もありますよね。
そのようなスタンスでとらえてほしいと思います。

さて話を戻しまして、
自分が御神体であれば自分のことを、すごく大事にしますよね？

自分を大事にするとは
「他人軸ではなく自分軸で生きる」

「食べ物や習慣に気を遣う」

「柔らかいタオルで体を拭いたりマッサージする」

「鏡を見たら、美しいねって自分に声をかける」

など具体的な行動のことです。

いろいろな方法があると思いますが、とにかく
「今なにが一番、自分にとって心地良いか」
を常に追求して極めることを意識しましょう。

具体的なワークは第5章で紹介しますので
楽しみにしていてください！

POINT

自分をホンモノの「御神体」だと考えて、
大切に扱うことが大事。目の前に御神体があったら？
どう扱うかを想像してみよう。

自分を守るために必要な嘘もある

たとえ自分を守るためだとしても、
嘘をつくのは悪いことだと思っていませんか？

前章でもお伝えしましたが、例えば私が嘘をつくことによって
Ａさんは傷つく
Ｂさんはなんとも思わない
Ｃさんはおもしろいと思う
Ｄさんは優しいなと思う
といったさまざまな反応があります。
「嘘つくとか、めっちゃおもしろい！」ととらえる人もいるし、

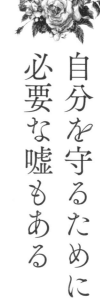

「優しいな」と思う人もいるわけです。

ポイントは、相手がどうとらえるかであって
嘘をつくという行為自体に良いも悪いもありません。

もし嘘をついてほしくないという関係性の場合は、
「嘘をつかないでくれたらうれしい」と伝えることが大事です。

やたらめったら嘘をつけという話ではありませんが、
でも、自分を守るための嘘だったら、ついてもいいと私は思っています。

すべて正直に言わなきゃと思っていると、
自分や相手を傷つけてしまうこともあります。

「うわ〜、人に会いたくないな〜、行きたくないな〜」と思ったら

「インフルエンザにかかっちゃいました！」と仮病を使って
嘘をついちゃってもいいのです。

御神体である自分を守るためならば、時には嘘をついてください。
それくらい自分を大事に守ってあげてほしいのです。
これは、相手を傷つけるためではなく、自分を守るための嘘です。

なかには、「やっぱり嘘はつきたくない」という人もいると思います。
でも、自分を大事にしようと思っていると
自然と人間関係が変わってきて
嘘をつかなくてもいい関係が増えていきます。
不思議に思うかもしれませんが、本当です。

「嘘をついてでもいいから自分を守る」という自分との関係性ができていると、
その自分と自分の関係性のエネルギーが投影されて

周りにそれを許容してくれる人が増えてくるからです。
そうすると、自然と嘘をつく必要性がなくなってきます。

自分を大事にするということが、
自分にできる最大の配慮です。
そして、エネルギー的にいっても、周りへの配慮にもなるのです。

こんないい方はひどいと思うかもしれませんが、
相手がどう思うかは相手しだいです。
「自分勝手だよね」って思うのは、
こちら側ではなくて相手の問題なのですね。
実際は、その嘘で傷つく人がいない場合は、なにも問題はありません。

友達に気を遣って苦しんでいる人がいますが、
自分を傷つけてまで人間関係を保つ必要があるのでしょうか？

例えば、子どもが学校でいじめられていて、
「それでも学校に行きなさい」というでしょうか？
それと**同じことを、自分自身にしている可能性が高い**のです。
自分を大事にしてあげてください。

逆に、もし相手から嘘をつかれたとしても、
「きっと自分を守りたかったんだね」と思ったら楽じゃないですか？
自分自身を許容していくと、
相手に対しても許容できるようになっていきます。

自分が自分を大切にしているから、
相手からも大切にされるという現象が起こってきます。
前章でもお話ししましたが、
自分と自分との関係性が現象として起こってくるのです。

ちなみに私は、これを子どもにも伝えています。

「親にだって嘘をついてもいいよ」と話しているのです。

「もし、嘘に気づいたら親として怒る場合もあるかもしれないけど、怒られても自分のことを守ってあげてね」と伝えています。

それくらい自分のことを守るのを最優先事項にしてほしいのです。


この考え方は、きっと家庭や学校で教わったことと違いすぎるので拒否反応を起こしてしまうかもしれません。

こういう考えもあるんだという視点を持っていただくことで、それだけでも人生が少し楽になればと思い、お伝えしています。

そして、**もしあなたに必要な考え方だったら**
急にパカッと理解できるときが来るので
今は「そういう見方もあるんだな」と思ってもらえればうれしいです！

POINT

御神体である自分を守るためならば、
時には嘘をついてでも、自分を大事に守ってあげて！

ネオスピの「ネオ」に込めた意味

旧時代のスピリチュアルの話をします。

第1章でも触れましたが、
これまでは自分の過去と向き合っていくこと、専門用語でいうと
インナーチャイルドヒーリングをしていくことで
自分の内側を癒すことが主流でした。
自己受容ができていれば、自己肯定感が上がっていくという手法です。
私自身も数年間、向き合いまくってきました。
そして、そのすばらしさも実感しています。

しかし、**これも今後は変化していく流れになってくる**と感じています。

くり返しになりますが、

地球レベルでネガティブなエネルギーがクリアになってきているので、ご自身のタイミングでネガティブは取れてしまう時代に入っています。

「私こうだったんだね～」ぐらいの気づきで、ネガティブがクリアになります。

今この瞬間のネガティブな感情をガーッと感じるくらいで解放されるようになるでしょう。

むしろ、むやみに自分を掘り下げることによって、ネガティブ方向に引っ張られてエネルギーが重くなってしまう可能性もあるのではないでしょうか。

もう、そんなことをしなくてもよくなってきています。

宇宙と同調すればするほど、
一緒にネガティブなエネルギーを解放していくようになるのです。
ネガティブなことがあったときは、
基本的にはその感情をガーッと感じて、
「ヨイショ！」と気持ちを切り替えるだけでいいと思います。
このヨイショ！をするときに私がおすすめしているのが、
「深呼吸」
「安心できる魔法の言葉」（ホッとできる言葉をいう）
「マイマントラ」（魔法の言葉をマントラのように唱え続ける）
です。魔法の言葉については、第5章で詳しくお伝えします。

そして、反省することがあったとしても、自分を責めないことが大事です。

これらを意識することで、感情エネルギーが変わり、
宇宙と同調して、ネガティブエネルギーも解放されていきます。

ですが！！！　今はまだ時代の移行期なので、インナーチャイルドヒーリングや自分との向き合いが必要な人もいます。

でも、すでに向き合ってきている人は、「ヨイショ！」だけでもいいと思います。

「親のせいで、学校のせいで、ああでこうで……」とネガティブなほうにふけってしまうのではなく、そこは軽くして、「ヨイショ！」ってポジティブなほうに方向転換すると解決が早いケースが増えてくると思います。

これからは、スピリチュアルといわれるさまざまな手法や、過去のエネルギーが、新しい時代と合わなくなってくることが増えていきます。

特に、従来のスピリチュアルに違和感を覚え始めている人にとっては、それこそ直感で感じていることなので、自分の感覚にYESといってほしいと思います。

それが今回、私がネオスピの「ネオ」に込めた意味です。
「新時代のスピリチュアルに移り変わる」ということです。

逆にいえば、もし私に対してNOという思いがある場合はそれを採用してください。
「私はどう感じる？」
これが新時代のエネルギーです。

あらゆる個別意識、それぞれが意識改革、エネルギー改革をし始めているから集合意識が軽くなってきているという影響もあります。

そしてさらに、
今の子どもたちはネガティブをあまり経験せずに生きてきているので
インナーチャイルドヒーリングや幼少期のトラウマがない世代がやってきて、
より集合意識は軽くなっていくでしょう。

POINT

ネオスピ＝新時代のスピリチュアル！
あなたの感覚で「YES」「NO」を採用しよう。

「スピカワイイ」のすすめ

私は「スピカワイイ」という言葉をすすめています。

ここでのカワイイは、
本当の日本語的な意味での可愛いというよりも、
それぞれの自己表現をした状態を可愛い、ととらえています。

海外から日本の文化を総称して
「ｋａｗａｉｉ」と文化的な呼ばれ方をしているようですが、
そんなイメージです。

クールもセクシーもキレイ系も
おしゃれだったり、
かっこよかったり、
個性的であったりすることを
私は「スピカワ！」といっています。

カワイイ＝いいね！
みたいなものだと思ってください。

自分が可愛かったり、美人であったりするとエネルギーが上がります。
そして、着ている服によっても変わるので
手っ取り早くエネルギーを上げる方法として、私はすごく大事にしています。

そして、見た目に自信が持てると、
ものすごく本音も話しやすくなりませんか？

それくらい、自分の見た目にはパワーがあると感じています。

そして周りの人も基本的に
あなたが可愛く美しくあれば、まったく嫌な気分にはなりません。

もし「自分にはセンスがない！」と思うならば
思いきって一度、ファッションコンサルタントなどに
洋服を選んでもらったりするのもいいでしょう。
プロのエネルギーが入ると、
あなた自身のエネルギーレベルも変化していきます。

なかには「ありのままがいいんだ！」という人もいます。
それはすばらしい在り方だと思います。ですが、はき違えて
「なにもしなくていいんだ！」というふうになってしまうことがあります。

本当にそれでいいのか、ということについてはご自身で判断していただきたいのですが、あなたはどう思いますか？

例えば、「整形手術」というものがあります。

抵抗がある人もいますが、
正直、新しい世代はほとんど抵抗がなくなっていると思います。
「バンバンしたほうがいいのでは」という層さえ今は出てきているそうです。

整形を肯定し、公開しているインフルエンサーは数多くいますし、多くの共感を集めて人気を博しています。

みんながしてるからいいか、という流れも当然あるようですが、

「本人がよければいい」「嫌だったらしなければいい」
というフラットな集合意識になりつつあります。

すべては「あなた（私）がどう思うか」です。

私は、ポップで可愛くて自由なものが好きです♡

POINT

見た目は手っ取り早く自分のエネルギーを上げる！
スピカワイイ＝「スピカワ」な自分を大切に！

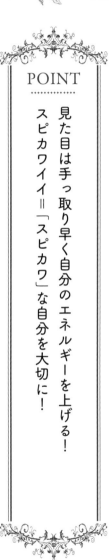

なにがあっても大丈夫なパラレルがある

この世界には、いろいろなパラレルワールドがあります。

パラレルワールドは、いわゆる「並行世界」と呼ばれるもので、少しずつ違う現在、過去、未来が、同時に無数にあるといわれ、私たちはその並行世界を選択し、移行しています。

私たちが体感しているのは、私たちが選択した現在です。

パラレルワールドは無数にあり、
そのすべての可能性が、未来も過去も複数あるのです。

想像できうることはパラレルワールドにあります。

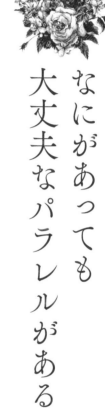

というよりも、そもそもパラレルワールドにあるから、
想像として引っ張ってこられるという考え方があります。

例えば、災害があったとしても、
その災害の世界に「安心」というパラレルワールドもあります。

フキンシンな話ですが、例えば緊急事態宣言下でも
「家で自粛パーティーだ」とステイホームを満喫した人もいたかもしれません。
災害にあったとしても、
避難所の人たちとの交流がすばらしいものだったということもあるでしょう。

つまり、**どんなに大変な事態が起ころうと、**
絶対に大丈夫なパラレルワールドを選択していくことができるのです。

なので、「大変なことが起こらないように」と心配するよりも、「起こっても大丈

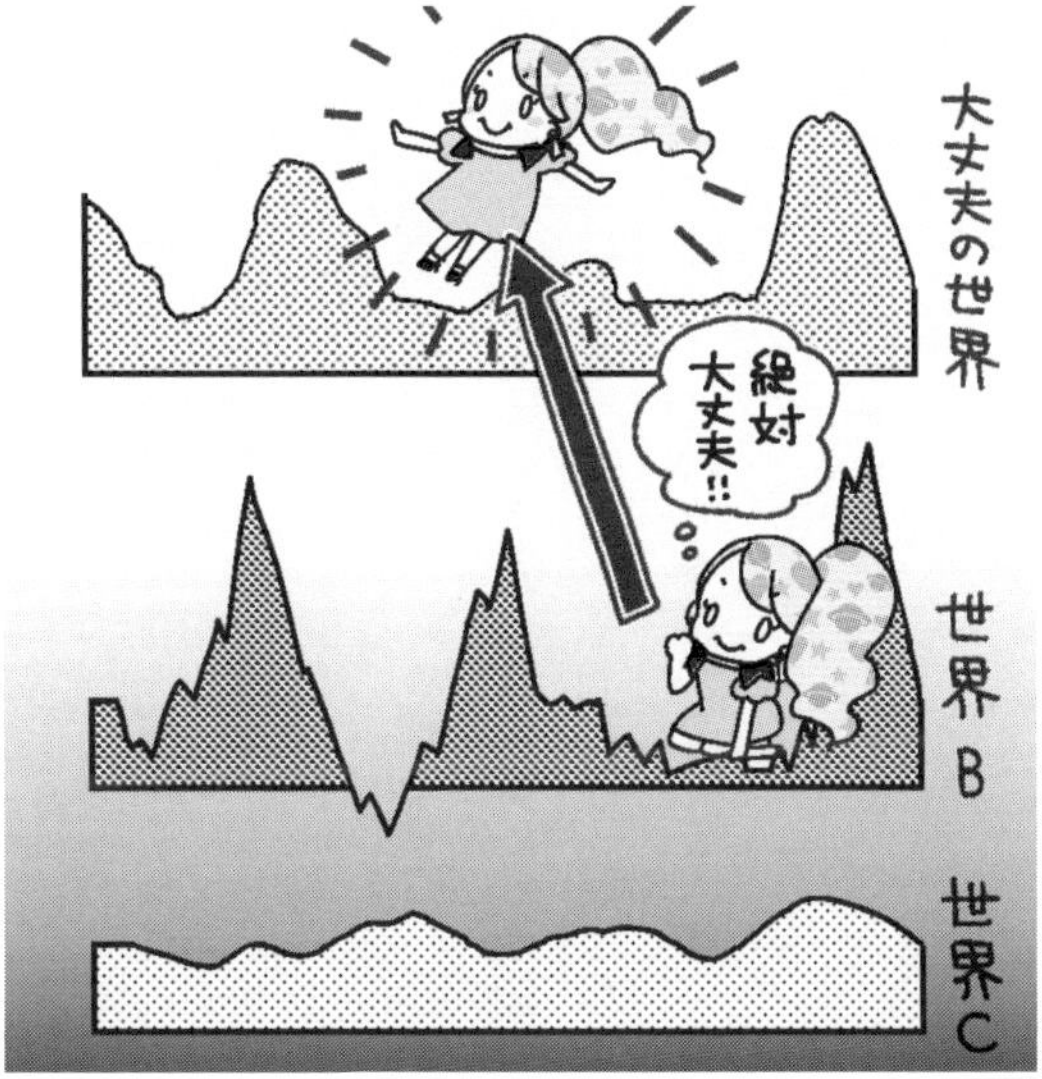

夫！」と安心のエネルギー状態でいてください。

これからは「なにが起きても絶対に大丈夫なパラレルを選んでいく」という主体的な選択をしていきましょう。

さらに地球全体のネガティブなエネルギーもクリアになってきているので、ネオスピの時代は、そこを選んでいきやすくなっています。

では、どうしたら絶対に大丈夫なパラレルワールドを選んでいけるのか。

それは、あなたのエネルギーしだいです。

望むパラレルワールドと、あなたのエネルギーのヘルツが合うことで、
パラレルを選んでいきます。

今すぐ安心のエネルギーを放つことで、
未来のパラレルも安心した世界を選べるのです。

「心配するなっていわれても、心配性なんです……」
当然そういった人もいるのは承知しています。
しかし、エネルギーの切り替え方はこの本にたくさん書いていますし、
また、**この本を読んでいる人は、私「美湖」と周波数が合っている人**です。

周波数が合っていないと、
「美湖」というエネルギーをあなたの世界に存在させることができません。

私は「なにがあっても絶対に大丈夫！」なパラレルを

常に選べると確信しています。
だからあなたも、絶対に大丈夫なパラレルを選択できます。

たとえこの本が100万部売れたとしても、
日本の人口の1％も手に取っていないのです。

1冊の本を手に取るということは、
それくらい奇跡のようなエネルギーの同調によって起こります。

だから、あなたも絶対に大丈夫です！

POINT

あなたが体感しているのは、あなたが選択した現在。
望むパラレルワールドと周波数を合わせて、
「絶対に大丈夫なパラレル」を選ぶと確信しよう！

味方もアンチもみんな私の応援団！

SNSやYouTubeで情報発信していると
アンチコメントや低評価を受けたりもします。いわば心ない悪口です。
アンチって、きついですよね。心も萎縮《いしゅく》してしまいます。

でもアンチは、良くも悪くも私にエネルギーを送ってくれている存在です。
私にエネルギーを送ってくれているので、それは私のエネルギーになるわけです。

とはいえ、普通は自分にアンチがいて、
たった1人で耐えているだけだと心が折れてしまいます。
エネルギーに否定的な感情が入っているので、やはりつらいですよね。

ネオスピの時代において
SNSで自分を表現したり、お仕事したりするかたが増えていく中で、
「アンチの存在が怖くてできない」というかたも多いのです。
それはすごくもったいないな〜と思って、私は考えました！

アンチを受けたときは
美湖でもいいし、周りの友達と一緒になって
「あんな言葉、ひどいよね！」というのはどうでしょうか？
相手を傷つけるという意味ではなくて、
自分を守る、みんなを応援するというエネルギーです。

私がミュージシャンとしての活動をメインとしていた頃、
アンチの書き込みによって掲示板が炎上したことがあります。

私がそれに対応していたら、マネージャーに

「無視しなさい、相手にするのが悪い」といわれてしまいました。
私はその言葉でさらに傷つきました。
あのとき一緒にギャンギャンいってくれる人がいたら、すごく楽だったと思います。

一緒になって「ムカつくね〜」とかいってくれる人がいるだけで
現実はたとえ変わらなくても、どれだけ救われるか。

ちなみに現在の私に対するアンチには、
「美湖にエネルギーを送ってくださり、ありがとうございます」という心境です。

私自身は、このあたりの受け取り方のマインドが構築されて、
ずいぶん大丈夫になってきました。
タフになったというよりも受け取り方が変わった、という感じです。
でも、やっぱりアンチは苦手。なにかあったときは
ネオスピチームやネオスピ仲間、ファンのあたたかい応援が力をくれます。

だからあなたにも「美湖は味方だよ」と伝えていきたいです。
なにができるかわからないけど、美湖もあなたを応援するからね！
そして、**そんなネオスピ仲間を増やして、応援し合っていきたい**です。

最近はアンチもほとんど見なくなりました。
YouTubeのコメントでも1000件に1件あるかないかぐらいです。

ちなみに、私のミュージシャン時代のアンチは
なんと大ファンとしてライブに来てくれた人でした。
自作自演で、守る側と叩く側を一人二役で演じていたのです。

POINT

アンチもエネルギー。そう思えたら最強！
でも、つらかったら、みんなで応援し合おう。

あなたのステージを上げる「使者」の存在

あなたにとってのアンチは誰でしょう？

この本を読んでいる人から見れば、
「こんな本を買って変わろうとしちゃって」と冷ややかな目線を送ってくる人や、
せっかく気に入っているのにレビューで評価を低くつける人かもしれません。

しかし**アンチは、実はあなたに**
「本当にやりたいこと」を教えてくれる使者かもしれません。

「あなたの本当にやりたいことですよね？」と認識させるために、宇宙的なお試しが

起こってくることがよくあります。

自分がなにかを成し遂げよう、道を進もうとするときに、反対する人が現象化してくるのです。

アンチが出てくるときは、自分のステージが上がるときです。

ラジオでチャンネルを変えるときにノイズが巻き起こりますよね？

そのチャンネルが合うまでノイズは出ますが、合ったらもうノイズは出ません。アンチはノイズと一緒です。

望む周波数と調和が取れる状況まで行けば、
その周波数と合っている人たちが周りに集まってくるので
アンチというものはいなくなります。

つまり、「アンチが現象化している＝行きたい方向がある」ということであり、
いい換えれば、
「空気抵抗がある＝前へ進んでいる」ということです。

進もうとしていなければ、アンチとも思わないかもしれません。
アンチの存在は、あなたが進んでいる証拠なのです。
アンチはあなたにエネルギーをくれる存在、
「本当にやりたいこと」を教えてくれる使者だと思いましょう！

さて、次は**豊かさ【Rich《リッチ》】**の話に入ります。
「豊か」というのは、この地球という惑星の1つのテーマになっています。

そして、多くの人の思い込みが発動しやすいジャンルです。
でも、実践すれば結果の見えやすいジャンルでもあるので、
ぜひこのまま読み進めてみてくださいね！

POINT

アンチが出てくるときは、自分のステージが上がるとき。上がりきったらいなくなるので、迷わず前へ進もう！

第4章

豊かな リッチエネルギーを 受け取ろう

Rich

お金も感情が生み出す「エネルギー」

この章では、あなたに豊かさを受け取ってもらうためのお話をします。

宇宙にはなにもありませんし、なんでも無限にあります。
つまり過不足がないのです。

だから**「豊かさを感じる」という体験も、地球ならではの醍醐味《だいごみ》**です。
宇宙は常に豊かなので、それはかなり重要な体験だと思います。
豊かさという概念については、
特に現代だと「お金」に関しての話が多くなります。
お金というのは、まさに地球体験。

もちろん食べ物や住む場所、旅行なども地球体験の重要なエンターテインメントといえます。
惑星レベルの話をすると、
地球ほど食べ物の種類が多い惑星はなかなかないです。

お金は豊かさをゲットするための非常に便利なツールですし、わかりやすいエネルギーの象徴でもあります。

「お金のエネルギーがわかりやすいのはなぜか？」
という問いを「アカシックレコード」に聞いてみたところ、**地球人にとって、お金は感情が動きやすいからエネルギーがわかりやすい**とのことでした。

ちなみに、アカシックレコードについては「はじめに」でも触れましたが、宇宙の情報が過去から未来まで全部入っている、宇宙クラウドのようなところです。
私はそこから情報を引き出す、アカシックリーダーという仕事をしています。

たしかに**お金って「感情」が良くも悪くも動きますよね。**
そして、逆にいえば「感情」自体がお金を動かしてもいます。

「お金って、もっと合理的に動くものじゃないの？」
と思う人もいるかもしれませんが、
お金の専門家である友人は「そんなことはない」といいます。

この本の中でも感情が大事、という話を何度もしていますが、
お金も感情で動きます。

経済学の教科書でも「お金というものは感情である」
「さまざまな人の思いで経済が動く」という話が一番最初に出てくることがあるそう

です。

では、お金で感情がどう動くか？
わかりやすく説明します！

お金が、増えたらうれしいですよね？
そして、お金が減ったら不安になったりしませんか？

このうれしさや不安を感じるとき、**お金の場合はほかのものに比べて、感情の振り幅が大きい**のです。

ただお金持ちというだけで、すごそうな人に感じたり、今たくさんお金があるのに、減っていくことに不安を感じたり……。

また、お支払いをするときにお金で払うと、減っていく不安を感じますが、
同じ金額分でも、物物交換だったら、
そんなに不安を感じなかったりすると思いませんか？

地球での体験は、さまざまな感情を味わうためともいわれています。
お金というのは、感情が動きやすく、とてもおもしろい存在なんです。
逆にいえば、
感情を使っていけば、お金も動きやすいということ！

私は「スピリッチアカデミー」というスクールを開講していますが、
まさにお金＝エネルギーの体験をしてもらうために
さまざまな具体的手法をお伝えしています。

ここでは、アカデミーに入る前にお伝えしていることや、
その導入部分もお話しします。
詳しく知りたいかたは次回の募集を待っていてくださいね。
アカデミーの中で最も基本かつ重要で、
すぐに実践できることを、この本では伝えていこうと思います。

POINT

お金は感情が動きやすい。
逆にいえば、感情でお金も動きやすい！

使えばまた巡ってくる、止めると巡ってこなくなる

お金も、エネルギーである以上はエネルギーの法則に従います。
貯めよう、安定させよう、せき止めようとすると、せき止めようとした人の周りのお金の流れが止まります。

自分の存在が「お金の通り道である」と確信できると、お金を使う罪悪感やストレスがなくなってきます。

お金は天下の回りものです。
自分のところをたくさん経由すればするほど、その人はお金持ちであるという現象が起こります。

「お金持ちはケチだ」という人もいますが
私は根本的な意味でケチなお金持ちを見たことがありません。
もちろん大事に使うので、それが総量に対してケチに見えるのかもしれません。

もしケチに見えている瞬間があるとすれば、
要は「感情が乗らないものには払わない」というだけです。
自分の感情が乗るものに関してはポンと払います。

お金持ちである以上、使っている金額、動かしている金額はみんな大きいです。
そして支払うときも、
ネガティブな感情なく支払っている人が多いように見えます。

私自身、お金を支払うときには
「これがゲットできてワクワク!」

「何倍にもなって返っておいで～。行ってらっしゃ～い！」

と思いながら払っています。

スタッフやチームにお支払いするときも、

「いつもありがとう！　こうやって気持ちをお金で伝えられてうれしいな」

と思って、お支払いしているのです。

これまでもお伝えしているように、

すべては宇宙でつながり合い、大きな流れの循環の中にいます。

そして、**行動するときの感情エネルギーが大事**です。

その感情エネルギーが、行動エネルギーに乗っていき、

循環されてまた巡ってくるのです。

「でもなぁ。うーーーん……」

と納得できない人の声が聞こえてきそうです（笑）。

ではではではでは！

こう置き換えてみましょう。

第2章で紹介した内容の応用問題です。
もし、あなたのパートナーが出かけるときに、ネガティブな感情で送り出すのと、ポジティブな感情で送り出すのと、どちらのほうが良い感情でパートナーが家に帰ってくると思いますか？
もちろん後者ですよね。

お金も人もエネルギー！　気持ちよく送り出してあげましょう。

POINT

支払うときの感情が大事！
ネガティブな感情ではなく
ポジティブな喜びの感情で送り出して！

「使えば使うほどいい」の落とし穴

でも単純に、お金は使えば使うほど循環されて入ってくるかというと、
そうではありません。

「エネルギーを動かせば入ってくる」とちゃんと腑に落ちているならば、
お金が少ないときでもお金を使うのはOKです。

ただし、腑に落ちていない状態で、
「お金を使えば入ってくるんでしょ」という感じでお金を使うと、
お金が減るだけです。

お金を使った際の「喜びの感情」や、
「お金は循環するという意識」が次のお金を呼びます。
喜びの感情エネルギーを波及させたり、
循環を体感したりして腑に落としていくことがポイントなのです。

それがきちんとできていない状態でお金をいくら使っても、
なくなっていくだけなので注意してください。

なぜかは、もうおわかりですよね？
感情や意識のエネルギーで、次の現実がつくられるからです。

つまり、**実際に自分が「うれしい」とエネルギーが出るものにお金を払うことが大切**です。
エネルギーで現象が引き起こってくるので、金額基準の選び方ではなく、
エネルギーが上がる基準の選び方をしていきましょう。

ぜひ、ご自身のエネルギーが上がるものには、
お金に糸目をつけないでください！

お金が減っていくのは怖いと感じたり、
減っていくことに不安を感じてしまうかもしれないけれど、
お支払いする瞬間、
お金を払うときのエネルギーをポジティブに変えてみることを意識しましょう。

これはまさに、
「ヨイショ！」と意識を変えるところです。

意識を変える具体的な方法としておすすめなのが、
お金を支払うスピードを上げることです。
ガス代でも電気代でもなにか支払っていないものがあれば、
早く払ってしまいましょう。

「あの金額払わなきゃなあ……」と思っていると、お金を払うということが違う意味でもどんどんおっくうになってきます。

払うことそのものがストレスになると、お金がどんどん動かなくなっていきます。そして滞納して、最終的に払うことを忘れてガスや電気が止まると……。

お金どころか、豊かさがなくなりますよね？

大事なのは、**お金を払うときに豊かさを感じること**です。

「こんなに早く支払えるなんて豊か！　うれしい！　スッキリ！」

そう考えると、心残りがないので
その後の行動も早くなっていくと思いませんか？
また、お金をすぐに支払うということで、
豊かさが巡ってくる循環も速くなってきます。
お支払いを早くするという習慣は、
一石二鳥だけでなく、三鳥、四鳥にもなるので、
ぜひ身につけてほしいと思います。

POINT

お金を使うときには「高いか安いか」ではなく、
「エネルギーが上がるかどうか」で選ぶ！
お金を支払うスピードを上げよう！

お金稼ぎは悪？安売りは正義？

これからお金持ちになりたい、リッチになりたいと思っている人は、
「お金持ち」や「稼ぐこと」について、どう思っているかを
改めて見つめてみてほしいと思います。

もし**「お金持ちは悪い人」「稼ぐのは搾取」などと思っているならば、**
人は潜在的に「なりたくない」と思っている状態にはなれないので
お金持ちになりづらいし、稼ぎづらいのです。

日本の社会では、幼少期から
「お金持ちは悪」といった印象が刷り込まれやすい傾向があります。

ドラえもんに出てくる裕福なスネ夫の態度がちょっと鼻につくみたいに、
お金持ちは悪という印象が染みついています。

でも、**お金を持っていること=悪いことではありません。**

お金を稼ぐのが悪いことと思っている人は、安売りを肯定しがちです。
安売りは地球的には良いことのように思えますが、
宇宙的に見ると、実はとても無慈悲なことをしています。

なぜなら、私たちは循環をし合っているからです。
なにかを差し出すことによって、なにかが入ってくるのです。
出さないと入ってこないともいえます。

購入する人が1万円を払うことによって、
購入する人自身に1万円分のエネルギーが入ってきます。

ところが、この金額が極端に安いと、宇宙の循環の妨げになるのです。

すべては愛の循環です。

そして、お金は愛のエネルギーです。

仕事は知識や体験、かかった時間という「愛の提供」です。

それによって、お客様は「ありがとう」「お世話になりました」「役に立ちました」「知識を得ました」という愛を送り返します。

それが**愛のエネルギー循環**ですね。

お金を払ってもらう、愛を出してもらうことによって、
お客様にそのぶんの愛が届くのです。

POINT

「お金を稼ぐこと＝悪」という印象を捨て去り、
お金を使った愛のエネルギー循環を心がけよう！

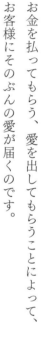

愛が豊かさへと「換金」される

宇宙には不足がありません。
宇宙はいつも満ち足りていて循環しています。

あなたが愛を放出したら、
その愛で押し出された愛が大量にあなたに返ってきます。
逆に愛をせき止めて、独占しようとしたら、
宇宙からの愛はなかなか届きません。

これはお金も同様です。
お金に関していうと、経済学では「余っている」とさえいわれています。

不足がある状態ではないのです。

あなたのところに、愛がどんどん来るようにするためには
どんな形であれ愛を放出することが大事なのです。

私はYouTubeやSNSの発信も、みんなへの愛だと思っています。
メッセージや知識、情報だけではなく、笑顔、振る舞い、失敗談なども
すべて愛だと思って発信しています。

私はネオスピを伝えていくときに
可愛くいよう、美しくいようとお伝えしていますが、
その姿勢も愛を放出することだと思っています。

そうした愛という豊かなエネルギーを放出することで
この地球ではそのエネルギーが、

「お金」という豊かさとなって返ってくるのです。

POINT

愛を放出して、リッチエネルギーを受け取ろう。
あなたが愛を振りまけば振りまくほど、
リッチエネルギーが返ってくる！

リッチエネルギーのシャワーを浴びる方法

あなたはリッチな人の情報に触れていますか？

リッチな人と会う機会をつくっていますか？

リッチエネルギーが最もエネルギー同調を起こすのは、ずばり、リッチな人のエネルギーを浴びることです。

お金持ちは、お金持ちのエネルギーを放っています。
あなたもその中に入る機会を持つことを意識してみましょう。
エネルギーは時空間を超えて伝染していきますが、
やはり地球は物質次元なので、
実際に会うことでエネルギー伝染はしやすくなります。

現在では、ほとんどの社長や実業家がＳＮＳをやっている時代です。
オンラインサロンなどもそうですが、
実際に本人と会うことができる機会さえあったりします。

これはなにもリッチになることに限ったことではなく、
もし、あるジャンルで成功したければ
そのジャンルですでに成功している人に
会ったり接したりできる機会をつくることをおすすめします。

もちろん、会うだけではなく、
お話ししたり、お仕事を一緒にできたりすれば最高ですね。
そのときはぜひ、あなたらしい「スピカワイイ」服装で行ってください。
あなたの個性が主張されれば、
相手もあなたへの認知が生まれやすくなります。

認知が生まれれば、そこにフォーカスがいくようになりエネルギー交換が起こります。
エネルギー交換が起これば起こるほど、
そのかたのリッチなエネルギーが、あなたにも伝染しますよ。

でも実際に会えない場合は、
リッチな人の本や動画、記事を見まくるのがおすすめです。
会えないぶん、物理的に時間を増やしてエネルギー伝染していきましょう！

POINT

エネルギーはすべて伝染する！
どうすれば自分のなりたい「理想の人」と
近づくことができるか考えて行動してみて。

お金がやってくる「入り口」をつくる

豊かさは無限です。
あなたにも無限に巡ってきますし、
宇宙はあなたに豊かさを届けたくてウズウズしています。

そして、宇宙は思わぬところから、あなたに豊かさを与えています。
なので、「豊かさはどこからでも届く」と思っていてほしいのです。

でも、**この地球では具体的なお金が入ってくる**
「入り口」をつくることもできます。
その入り口を作っておいたほうが、

宇宙はあなたに豊かさであるお金を届けやすいのです。

「じゃあ具体的にどうしたらいいの？」と思った人にお伝えします！

すでにお話ししたように、

風の時代はインターネットの時代、情報の時代です。

インターネットでの活動でお金が入ってくる行動を始めるのが最も簡単にできる第一歩といえます。

仕事は「愛の提供」、お客様との愛のエネルギー循環でしたね。

物を売るサイトはたくさんありますし、ネットショップも簡単につくれます。

ＹｏｕＴｕｂｅでの情報発信を始めるのもいいかもしれません。

このあたりは地球的なノウハウが重要になってきます。

私のスピリッチアカデミーでも教えていますが、

本屋さんでもたくさんの本があって勉強できると思いますし、

今はＹｏｕＴｕｂｅやブログなど無料のものでも、
さまざまなお仕事の始め方が学べます。
宇宙はあなたに豊かさを届けたくてウズウズしているのです。
どんどんチャレンジしていきましょう。

POINT

宇宙は豊かさを届けたくてウズウズしている。
お金が入ってくる入り口をつくろう！

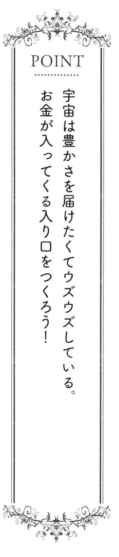

豊かなエネルギーを
チャージできる場所

お金を払うときには、なるべくリッチエネルギーをチャージできる場所でお金を払うことをおすすめします！

それはどういう場所かというと、
「ちょっと敷居が高い」お店です。
自分にとって、少し高いな、冒険だな、でも素敵だなというサービスや商品にお金を使っていきましょう。

これはある若いサラリーマンの男性が、起業している先輩に連れられてとても素敵なレストランに行ったときの話です。

そのレストランは、東京の麻布にある会員制レストランで、とても良いワインがいただけるお店。

でも青年は、今までそんなレストランに入ったことがありません。

値段を見るとグラスワインでも5000円するので、その青年は思わず店主に尋ねました。

「このお店って、普通の若いサラリーマンも来るんですか？　ご飯を食べてワインを飲んだら5万円くらいになってしまうと思うのですが……」

その店主は答えました。

「はい、たまにいらっしゃいます。

そういうかたはお財布事情もあるので、
毎月いらっしゃってワインを1杯だけ飲んで、私や店員とお話しして帰られます。

でも、**『いつもの飲み会に5000円払うよりも、よっぽど代えがたい経験を買っている』**とおっしゃいます」

店主は続けて、こういいました。

「そして、**そういうかたはもれなく出世や成功を収めて、そしてお金持ちになっていきます。**

やはり、そうした考え方を持つかたは豊かになられるのですね」

それを聞いた青年は感銘を受けて、お金を払うことに関する考えを改めました。

そして後に、その青年も起業し、実業家として成功したのです。

この青年は、私の友人であり完全な実話なのですが、
今でも彼は若い人たちにこの話を伝えるそうです。

エネルギーは伝染するという性質を持ちます。
かけがえのない体験を買うことで、リッチエネルギーが伝染していくのです。

ぜひ、あなたもいつもの生活をちょっと変えて、
リッチエネルギーをチャージしましょう！

POINT

少し背伸びしたお店でかけがえのない体験をすることでリッチエネルギーをチャージしよう！

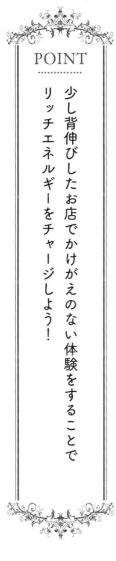

リッチになる自分を「選ぶ」だけ！

あなたはリッチになった自分を想像できますか？
もし想像できるなら、
あなたはリッチになれます！

なぜなら、想像できるということは、
その望む未来がすでにパラレルワールドにあるからこそ、
想像できるのです。

つまり、
その望むリッチな世界を選んでいけばいいだけなんです。

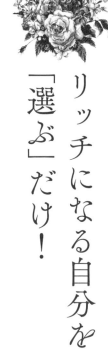

ネオスピの時代は、未来を選ぶ時代です。

ではどうやって選べばいいかというと、
どんなリッチ世界がいいかを選んで、
「こんなリッチがいい!」と望んで、
叶った未来のリッチな感情を感じる。

この未来の感情を感じることで、
未来のパラレルワールドとエネルギー同調していき、
さらに、あなたから行動のエネルギーも湧き上がってきます。
なぜなら、パラレルワールドとの同調により、
自然と行動のインスピレーションなどが湧いてくるからです。

そして、これらの感情や行動のエネルギーによって、あなたのエネルギーが、
あなたが未来に望むリッチな世界のエネルギーとなり、

そのエネルギー同調でパラレルワールドが移行していきます。

ここで大切なのが、普段から湧き上がる
インスピレーションや直感を叶えていくこと。
そのインスピレーションや直感は宇宙から発せられているので、
未来のパラレルワールドへ向かっていくうえでの
行動の鍵になってきます。

インスピレーションや直感は
「湧き上がる本音」と同じですよね？

なので、**あなたの本音はリッチな世界への鍵**なのです！

「私なんかが、リッチになれるかなあ？」

あれあれ？　あなたは誰でしたっけ？
そう、御神体・創造神でしたね。
神様がリッチになれない世界なんてあるのでしょうか？

実はもう豊かな未来は選べます♡
好きな未来を選びましょう！
ただし、地球は行動の星です。
神様でさえ行動するというのがこの星。あなたが選んで生まれてきたこの星です。

さて次の章では、**「ラブスピリッチな生き方」を選んだあなたが神様として世界を創造するための方法**をお伝えしていきます。

地球でのミッションは行動すること。
具体的な行動がわかれば、あなたもラブスピリッチな世界が創造できます。
誰にでもできる簡単なワーク形式で紹介しますが、その効果は絶大！

あなたが「これだ！」と思うものから始めてみましょう。
何度もお伝えしましたよね。行動＝愛です。
さあ、あなたの世界をラブスピリッチにしましょう！

POINT

選んで、望んで、感情を感じる！
あなたの本音はリッチな世界への鍵。

第5章

ラブスピリッチな世界をつくる方法

自分の体が「御神体」に変わるワーク

この章では、今までお話ししたことを
具体的な行動として、どのように実践するかをお伝えしていきます。

スピリチュアル＝生き方です。
生き方は習慣によってつくられます。

そのため、ここからは「ネオスピ」の波動を
よりキャッチしやすくなる方法を紹介しますので、ご注目を！
ワーク形式になっているので、どれもすぐ実践できると思います。

まずは、自分を「御神体」として扱うワークです。
あなたはエネルギーの御神体です。

自分を御神体として丁重に扱う習慣を身につけることで、エネルギーや周波数が変わってきて、引き起こる現象が変わっていきます。

やり方1 自分が御神体だとしたら、1日どんな行動をするかをイメージする

あなたが御神体・創造主だとしたら、
朝起きてからどのように1日を過ごすかを想像してください。

「御神体である自分は、その行動を取ったときにどんな感情を感じるのか」
「御神体だったら、なにを選択し、どんな感情を得たいのか」
「どんな食事をとるのか、スキンケアをするのか、どんな服を着るのか」

さまざまな場面でどんな選択をして、
どんな感情を得て生きたいのかをイメージしましょう。
典型的な行動項目を以下に挙げておきます。

●家で食事をとるとしたらどうする？

（例）オーガニックの食材のみで、時間を気にせずこだわってつくる
今食べたいものを選んで、お気に入りの食器にキレイに盛りつけていただく
栄養価が高いものをバランスよく摂取する

●外食するとしたらどうする？

（例）高すぎず安すぎず、清潔感のある、こだわりのお店を選びたい
素敵な庭を眺められるようなところで食べたい
ミシュランの星がついた店で、ドレスアップしていただく

●デートをするときにどんな服を着る？

（例）お気に入りの服。自分を１００％表現できる服を着たい
お気に入りのワンピース。花柄模様。ピンクをベースに

イヤリングやネイルで頭の先から足のつま先まで美しく

●肌のお手入れはどうする？

(例)まったりした香りのクリームをゆっくり手で温めながら念入りに塗る。美容液を朝晩、惜しみなくつける。全身へのボディクリームも忘れない

「可愛い♡」と褒めまくりながらお手入れをする

●疲れていたらどうする？

(例)良いアロマの香りを嗅ぎ、お風呂にゆっくり入り、早めに寝る

ハーブティーを飲んで、お気に入りの曲を聴いてハンモックで昼寝

芝生をはだしで歩いて大地を感じ、自然からパワーをいただく

やり方2 ❶の場面を想像しながら、深呼吸して感情を放つ

息を吸うときに、御神体である自分の内側から
エネルギーが吸い上げられるような感覚を持ってみてください。

そして息を吐くときには、
その御神体のエネルギーが空間に波及していくような感覚です。

自分がこの宇宙を生み出している御神体であるという意識に立ち、
どのような1日を過ごすのが好ましいか、
そのときにどんな気持ちを味わいたいのかを感じます。
御神体としてのエネルギーを感じることで、

あなた自身が御神体としての存在になっていきます。
その感情を今感じることで、未来を創造していきます。

呼吸をゆっくり続けながら、
やり方❶の場面をさまざま想像してください。

数分でもいいので、
1日の始まりである朝の習慣にできるといいですね。

そして、想像するだけでなく、
日々の生活で❶のような場面を少しでも増やせるように
意識してみてください。

安心できる魔法の言葉ワーク

このワークは、日々の生活でネガティブな感情が湧いたときに行います。

ネガティブな感情が湧いたらガーッと感じて、
ポジティブな魔法の言葉で「ヨイショ！」ってするのが、
美湖式のエネルギー調整法です。

やり方 1 ネガティブな感情が湧いたら、それを感じまくる

自分を客観視しながら、ネガティブな感情を感じてください。

「ああ、私すごく今、ネガティブな感情が湧いている……」と客観視しながら、**ネガティブな感情をそのまま感じます。**

そして深呼吸しながら、**今この瞬間にはなにも起きていない**ということを感じてください。

未来の不安や焦り、過去の後悔なども、今この瞬間にはなにも関係なく、なにも起きていないことがほとんどです。

現象（感情）と今を切り離し、今ここにフォーカスしてください。

今はなにも起きていないという感覚を「今ここ」とともに感じるのです。

やり方 2

安心できる魔法の言葉を唱える

「今ここ」を感じながら、心がホッと安心するような言葉を唱えます。
私はこれを**「安心できる魔法の言葉」**といっています。
安心できる魔法の言葉を唱えて、
気持ちをヨイショ！って切り替えるのがポイントです。

例えば、私の場合は
「私が創造主」
「今この瞬間のエネルギーでパラレル移行する」といったり、
また、具現化システム**「ハッピーウェイウェイ妄想」**をして、
望む世界の感情を味わったりもします。
(やり方は後ほどお伝えします)

あと、私がおすすめしているのが**「マイマントラ」**です。

安心できる魔法の言葉を、マントラのように心の中でくり返し唱え続けるのです。

こうして、ネガティブをそのまま感じてから解放し、「今ここ」に戻り、感情エネルギーを安心に切り替えていくことで、宇宙と同調していきます。

ちなみに、私のコミュニティでは、以下のような魔法の言葉が出てきました！

ぜひ参考にしてくださいね。

- **絶対大丈夫！**

・すべてがプロセス
・なんとかなる！
・私がこの世界の創造主！
・どうせ、うまくいくしね！
・すべては最善
・地球に生まれたことが大成功
・どうせ叶うに決まってる！
・あら～また、茶番劇をやってるわ
・私は愛。私は光。すべては私から始まる
・私は私！
・すべて宇宙の調和の中
・自分の本音を行動で叶えてあげたからOK！

こうして気持ちを切り替えていくことで、心の筋肉がついてきます。

行動力が超アップする夢実現ワーク

これは自分の願いを、
「想う」だけではなく「選択していく」というワークです。

「自分が望む世界のパラレルワールドを、どのように選ぶか」
という観点が大切になるネオスピの時代は、
きちんと選択しきることが重要になります。

そのため、**このワークは選択力、パワーをつけるのが目的**です。

小さなことでもいいから、

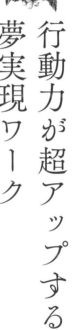

「今日はこれをする」と決めたらやる！

今この瞬間に湧き上がる小さな願いを叶え続けると、
大きな願いが叶っていきます。
自分の願いをイメージして叶えると決め、
自分から湧き上がるものをパワーで叶えていくことです。

一見関係なさそうでも、「あそこに行きたい」と思ったら行くとか、
「あれが食べたい」と思ったら食べるという行動のワークです。

やり方 1 今日やることを決める

まずは、「私には力があって願いを叶えることができる」と確信しましょう。
そして、願いを叶える行動をしてください。

例えば、次のようなことです。

- チャイが飲みたくて、めんどくさいと思ったけど買いに行く
- パートナーにお願いして、車を出してもらって行きたい場所に行く
- 「会いたいな」と思った人に連絡してアポイントメントを取る
- 今日のランチはカレーが食べたいと思ったので、カレー屋さんに行く
- 両親の顔が頭に浮かび、すぐ実家に電話をかける
- ふと本屋に行きたくなり、すぐに家を出て本屋に出かける

やり方
2

夜寝る前に自分が叶えたことを数えて、自分を褒める

小さな願いをどのくらい叶えられたか、夜寝る前に1日の行動を振り返りましょう。

「チャイが飲みたい、という願いを叶えられた！」

「行きたい場所へ、すぐに車で行くことができた！」

「会いたい、とピンと浮かんだ人にアポイントメントを取れた！」

「ランチでカレーを食べたい自分の願いが叶った！」

「両親に連絡したいと思い、それをすぐに

叶えてあげられた！」
「本屋に行きたい願いがすぐに叶った！」

こんなふうに叶えられたことが少しでもあれば、
「私ってすごい！」「自分、えらい！」と褒めてあげてください。

このワークを続けるうちに、
自分の内側から湧き上がる小さな願いを叶えるための行動力がみるみる上がっていきますよ。

そして叶えられなくても、絶対に自分を責めないでください。
「ま、いっか」「宇宙の流れ」など、安心できる魔法の言葉で
気持ちをヨイショ！と切り替えていきましょう。

「具現化システム」を作動させる妄想ワーク

これは感情エネルギーを最大限に高めていき、現象として具現化させる力をアップするためのワークです。

私はこのワークを**「ハッピーウェイウェイ妄想」**と呼んでいます。

すきあらば1分でも3分でもいいので、毎日試してみてください。

やり方 1 叶ったらうれしいシーンを妄想する

「こうなったらいいなぁ」という理想のシーンを思い浮かべましょう。

・行ってみたい場所
・やってみたいこと
・食べてみたいもの
・いってもらいたい言葉
・してみたいデート

いろいろとありますよね！
そして、そのシーンが叶った自分になりきり、「友達にこうやって話すんだよね〜」という、その後のシーンまでイメージして妄想します。

具体的には、友達に送るＬＩＮＥの文章をつくってみたり、ＳＮＳに投稿するための文章をつくったりするのがおすすめです。

やり方 2

叶ったときの感情を感じきる

そうした理想の「やりたい！」「したい！」ことが叶ったシーンを、もっともっと具体的に思い浮かべながら「めっちゃうれしい!!」と叶った感情を感じきります。

叶ったときの感情を感じてニヤニヤウェイウェイしてしまうくらい気持ちを味わうのです。

この気持ち、感情がエネルギーです。

ニヤニヤワクワクウェイウェイしながら気持ちを感じて、エネルギーを高めていきましょう！

このとき、**願いが叶うシチュエーションだけでなく、それに付随するシチュエーションもいろいろと妄想してみてください。**

例えば、もし「結婚したい」と思っている人は、パートナーからプロポーズをされた瞬間はもちろん、その後のトイレに行ったとき、部屋に帰るとき、眠りにつくとき、次の日の朝のシチュエーションや感情までを妄想します。

鏡に映ったあなたはどんな顔をしていますか？

願いが叶った次の日の朝、どんな気持ちになっていますか？

具体的に妄想してみてください。

あなたの具現化する力、感情エネルギーを高めていきましょう。

人生を宇宙と共同創造していくワーク

宇宙と人生を共同創造していくワークです。
大宇宙の力ががっちりと噛み合うようになります。

かなりパワフルかつ、フォースを利用できるワークなので
やり方❷以降は、日々の習慣にしていただけたらと思います。

やり方1 宇宙と共同創造していくと意図する

すべては「意図」から始まります。

これまでお伝えしてきたように、
宇宙は「あなたがどうしたいの？」が基本スタンスです。

そこで、「宇宙と共同創造します」という意図を放ちます。
しっかり慣れるまでは、毎日意図してもＯＫです。

意図とは「そう思う」ということ。
口に出してもいいし、書くのでもいい。
意図していくと、宇宙エネルギーは瞬時に動き出します。

私が職業としているアカシックリーディングをする際も、意図から始まります。
意図したら必ずつながる。
現実もすべて意図から生まれています。

やり方 2

自分の内側にある愛のエネルギーを発信していく

宇宙はすべて愛でできています。宇宙と共同創造していく際に、あなたの愛をあなたの世界に波及していっていただきたいのです。


あなたはあなたの世界の創造主です。

あなたの世界をどうつくりたいですか？

あなたはそのとき、なにをしますか？

朝、家族に「おはよう」ということも愛ですし、あなたがスピカワイく美しくあることも、1つの愛でしょう。


ネオスピの時代は、インターネットのエネルギーがさらに加速します。

そこで**おすすめしたい愛の波及方法は、SNSでの発信**です。

SNSは圧倒的に簡単に愛を世界に波及できるツールだと感じます。

SNSの発信は、あなたのお仕事や能力はもちろん、**日常の喜びでもいいし、笑顔や輝き、愛の表現であれば、なんでもOK**です。

時には、涙や怒りや憤りだって、だれかの愛になることもあるでしょう。

あなたから発せられた愛が、宇宙とのエネルギーの共同作業により、この世界へ大きく波及し、その愛のエネルギーが循環されて、あなたへと巡ってくるのです。

やり方 3

自分自身が心地良い時間をつくる

「マイパワースポット」を毎日意識しましょう。
お風呂が気持ちいいとか、布団が好きとか、
自分自身が心地良い場所や時間をつくることによって、
宇宙と共鳴します。

美味しいを感じる。気持ちいいを感じる。
マイパワースポットで得られる五感を大事にしましょう。
地球体験は感情が重要です。

そうした自分自身を満たす時間をつくることで、
宇宙が同調し介入できるスペースが生まれてくるのです。

特に、行動してやりすぎてしまう人が多いです。
無理して疲れてしまったら一度休みましょう。

スケジュールも、仕事と遊びと休みをきちんと入れること。
遊びと休みは同一視しがちですが、遊びでも身体は疲れてしまうことが多いので、休みを取ることを意識してください。

ぎゅうぎゅうに詰めないこと。
空白のあるところに宇宙のエネルギーが入ってきます。

やり方
4

宇宙からの応援を見逃さない

宇宙はたくさんの応援のサインを送っています。

とにかく宇宙からのサインを見落とさないことが大切です。

これはワークというよりも意識ですが

- **シンクロニシティ（偶然の一致）**
- **ゾロ目**

を見逃さないようにしてください。

シンクロニシティやゾロ目、「ただの偶然じゃない？」と思えることも、**すべて宇**

宙の応援だと思って受け取って感謝すると、宇宙意識と噛み合ってきます。

今日、あなたが見つけた偶然があったら、
宇宙に感謝をしましょう。
その感謝のエネルギーでさらに宇宙と共鳴して、
共同創造のエネルギーが強くなっていきます。

POINT

各ワークは、その日そのときの気分に合わせてやってみて。
あなたにマッチするワークがきっとあるはず。
毎日続ければ、ネオスピにまっしぐら！

おわりに
～あなたがラブスピリッチになりますように♡～

最後まで『ネオスピ!!!』を読んでくださり
ありがとうございます。

この本は、
奇跡とシンクロニシティの中で生まれました。

さらに今、
宇宙の創造の流れと
奇跡のエネルギーの渦の中で
『ネオスピ!!!』が拡大されていく未来を感じています。

もうそれは私の範疇《はんちゅう》を超えて、
宇宙の意図なんじゃないかってくらいです（笑）。

なので、美湖の本という感覚よりも、
時代の流れが生み出したもの、
集合意識が生み出したもの、

宇宙の調和から生み出されたもののように感じます。

『ネオスピ!!!』を読んでくださった
あなたは間違いなく
この奇跡のエネルギーの中にいて、
創造の流れを一緒につくっている仲間です。

この本のクレジットにある、

「ネオスピ仲間」

「ネオスピインフルエンサー」

というのは、
あなたのことだから!

なので、

「仲間の美湖の本」

「自分の本」

のように感じてもらえたらうれしいです♡

＊　＊　＊

最後に、
美湖の好きな言葉をあなたに贈ります。
それは、**「Uni《ユニ》」**です。

Uniはラテン語の
「Unus 1つの」という語源からきています。

Uniを使った言葉は、
Universe　宇宙、万物、全人類、世界
Unite　つながる、統合
Unity　（異なるものの）一体化、協力
Unique　独特、おもしろい、唯一
Unisex　男女区別なく
などなど、
「Uni」はまさにネオスピのエネルギー！

あなたも私も、それぞれ違う。
あなたもみんなも、それぞれ違う。
でも、宇宙で1つにつながり合っています。

そして今、
『ネオスピ!!!』でもつながりました。

宇宙はどうあっても大丈夫だよね？
みんなでつながり合っている。
宇宙であるあなたも、絶対に大丈夫！
だから安心して、
望む世界を選んでいこう！

あなたが望む世界は
すでにパラレルワールドにあります。
あなたがそれを選ぶだけ。

望みは叶えるものではなくて、
選ぶのがネオスピの時代です。

あなたはどんな世界を選びますか？
あなたはどんな感情を望みますか？

そのエネルギーを
今すぐハートに感じてみて！

今、**ハートに感じるエネルギーで**
未来は創造されます。
だから
今すぐ幸せ！　未来も幸せ！

＊　＊　＊

あ！

最後の最後に、
もう１つプレゼントです。
「ラブスピリッチ宇宙エネルギー」を
全員にプレゼントいたします♡

ご希望の方は、
下のＱＲコード（ネオスピ公式ＬＩＮＥ）にご登録のうえ、
「ラブスピリッチ宇宙エネルギーを受け取る」
と意図してください。
（すでにご登録済みのかたは
「エネルギーを受け取る」と意図してくださいね）

意図することで、
あなたにエネルギーが流れます。

あなたに
ラブスピリッチな未来がたくさん訪れますように♡

ではではでは、
またお会いしましょう♡

以上、美湖でした！

2021年7月
美湖

美湖（みこ）

スピチューバー、アカシックリーダー、スピリッチアカデミー主宰、ミコミュニティ主宰、ハイスペ総研特別講師、シンガーソングライター。300名以上のアカシックリーダーを養成し、ビジネスやスピリチュアル習慣を教えるアカデミーには世界各地から受講者が集まる。2019年にYouTubeデビューし、宇宙意識でありのままを伝える動画が大人気に。離婚後も同居して子育てしながら支え合う「同居離婚」を選択し、純度高く生きる姿が共感を呼ぶ。そして今、宇宙時代の新しいスピリチュアル「ネオスピ」の先駆者としてムーブメントを広げている。

YouTube　「スピチューバー美湖」「ネオスピチャンネル」
Twitter・Instagram　@mikonikoeco
Facebook　https://www.facebook.com/mikonikoeco/
ブログ　https://ameblo.jp/mikonikoeco/

ネオスピ！！！
「今《いま》すぐ」幸《しあわ》せになれる新時代《しんじだい》のスピリチュアル

2021年７月15日　初版発行
2023年12月10日　６版発行

著者／美湖《みこ》

発行者／山下直久

発行／株式会社KADOKAWA
〒102-8177　東京都千代田区富士見2-13-3
電話　0570-002-301（ナビダイヤル）

印刷所／TOPPAN株式会社

ISBN 978-4-04-605234-6　C0095